人际交往心理学

孙永辉 / 编著

图书在版编目（CIP）数据

人际交往心理学 / 孙永辉编著 . -- 北京 : 中国人口出版社 , 2022. 6
ISBN 978-7-5101-7189-5

Ⅰ . ①人… Ⅱ . ①孙… Ⅲ . ①心理交往—社会心理学 Ⅳ . ① C912.11

中国版本图书馆 CIP 数据核字（2020）第 194816 号

人际交往心理学

RENJI JIAOWANG XINLIXUE

孙永辉　编著

责任编辑　魏志国
责任印制　林　鑫
出版发行　中国人口出版社
印　　刷　三河市燕春印务有限公司
开　　本　710 毫米 ×1000 毫米　1/32
印　　张　4.5
字　　数　95 千字
版　　次　2022 年 6 月第 1 版
印　　次　2022 年 6 月第 1 次印刷
书　　号　978-7-5101-7189-5
定　　价　19.80 元

网　　址　www.rkcbs.com.cn
电子信箱　rkcbs@126.com
总编室电话　（010）83519392
发行部电话　（010）83530809
传　　真　（010）83519401
地　　址　北京市西城区广安门南街 80 号中加大厦
邮政编码　100054

前言 PREFACE

任何人都无法孤单地活在世上。在信息如潮奔涌、圈子越来越重要的现代社会更是如此。每一个人生活的幸福、工作的成功都离不开与他人的交往。但是为什么有些人在人际交往中会如鱼得水、左右逢源，而有些人却举步维艰、进退维谷呢？其实很简单，人生中的各种问题，都与心理学有着千丝万缕的联系。

社会就是一个庞大的关系网，处理人与人之间的关系往往是事情成败的关键。在现实生活中，我们每个人都无法回避与人交往。如果不懂得人际交往心理学，工作、生活可能处处受阻，甚至得不到别人的尊重。

在与人的交往中，如果一味想着自己舒服，慢慢地你便会走向孤独；若是只想着让别人舒服，总有一天你会心力交瘁；若是双方都不舒服，将会波及更多的人受到伤害。唯有在你和对方都舒服之间找到一个平衡点，这才是最好的人际关系。然而，在人际交往的过程中，我们难免会碰到这样那样的问题，比如：如何塑造良好的第一印象？怎样才能克服人际交往的心理障碍？有哪些必要的人际交往技巧？如果不能很好地解决这些问题，就会影响人际交往的成效，影响人际关系的建立与发展，甚至影响事业的成功。

懂得人际交往心理学的知识，能使你在工作和日常交际中与他人更好地交流和相处。本书从心理学的角度对人际交往进行全新梳理，别具匠心。它结合日常生活中的实际案例和经典故事，对人际交往中的各种心理现象进行了较为详尽的分析，如理解他人的基本方法、性别差异在人际交往中的体现、偏见影响人际交往、如何同他人建立起亲密关系等，有效帮助读者构建和谐的人际关系。

千人千面，每一面孔后面都有一颗搏动的心。与人交往面对的虽是一张张面孔，应对的却是一颗颗奥妙的心灵。只有采取恰当的人际交往心理策略，走入他人的内心深处，把握其心理脉搏，才能赢得人心！

目录

CONTENTS

第1章

如何认知他人并与他人相互作用

测试：社交心理成熟度

1. 当老板让你去做一件你觉得很难做到的事情,你会怎么办?

A. 你会咬紧牙关，花费几小时拼命为他工作

B. 做到某种程度而发觉不行时，即将情况向老板汇报

C. 即使求助于他人也要把工作做好

D. 是自己无法做的事，会放弃不做

2. 如果有两位相熟的异性同时向你示爱，你会怎么处理?

A. 把两人叫过来加以详谈后分开

B. 在两人中只与一位适合自己的人交往

C. 在两人之间周旋

D. 将两人视为普通朋友，同时交往

3. 当在工作上感到不顺心时，用哪种方式来发泄呢?

A. 到常去的酒吧喝酒

B. 出去散步使心情平静

C. 到一些娱乐场所消遣

D. 到朋友家向他诉苦

4. 如果你由朋友口中得知另一个朋友在背后说你坏话，你会怎样?

A. 默默地承受而不加理会

B. 与说坏话的人一起出游，将误解澄清

C. 直接找说坏话的人去算账

D. 找说坏话的人问清情况

计分方法

选 A 得 5 分，选 B 得 3 分，选 C 得 1 分，选 D 得 0 分。

完全解析

20 ~ 18 分：如果你可以再成熟一些，就能体会爱的真义。在社交方面，你的心理相当成熟，但是在个人生活方面就不太成熟了；而这种不平衡也是你性格上的魅力，因为它令人有新鲜感，会让人产生想要探知的欲望。

17 ~ 14 分：你的心理还不够成熟，正在成长中。你的兴趣广泛，无法局限在一件事上，所以应该先做要紧的事；如能有所取舍，你成熟得就更快。你是个有前途的人，会很快掌握社交技巧，但在这个过程中需要承受一些心理上的考验。

13 ~ 8 分：你的社交技巧可以说是相当贫乏的，你的心理还很幼稚，甚至未考虑成熟问题。对你而言，实践比学习更重要，但学习也不能忽略。

7 ~ 0 分：你对爱的看法相当成熟；但心理成熟是没有界限的，所以应该想办法使自己能与人相处得更好。你现在需要努力的是，注意与周围人处好关系，千万别脱离集体，要合群。

在我们与他人所进行的人际交往中，只有深入地思考并了解他人，才能够保证与他人的相处融洽，也才能够建立良好的人际关系。对他人的思考与了解需要借助一定的知识，即心理学知识。只有运用好人际交往中的心理学知识，才能使我们的人际交往顺利进行。

认识他人的过程

认识他人的复杂性

生活在现实社会中的每一个个体不可避免地要与他人进行交往，这就是我们通常所说的人际交往。每天人们在这种交往活动中接收各种信息，并通过与陌生人、熟人的接触和交流，获得对他人的认识，然后以此为基础做出各种社会行为。可见，我们的各种社会行为是建立在对他人认识的基础上的，因此认识他人就显得十分重要了。

在社会心理学上将认识他人的过程称为“社会认知”，即指个体在与他人交往的过程中，根据外部特征，对其心理状态、行为动机和意向等内在属性做出推测和判断的过程。社会认知包含知觉、判断和评价等一系列社会心理活动，是依据认知者过去的经验及对有关线索的分析而进行的，是认知者、认知对象和认知情境之间各因素交互作用的复杂过程。

小琳大学毕业后最重要的事就是找一份满意的工作。她听人说过某公司，对它印象还不错，考虑到自己所学的专业和个人素质，小琳觉得比较适合自己，成功的机会很大，于是发出了求职信。过了几天，公司通知她去面试，小琳精心打扮了一番，然后信心十足地来到公司。可是，面试的情况很糟，经理问了很多刁钻古怪的问题，让小琳觉得很难堪。更有甚者，经理竟然公开表示了对女性的歧视，还对她说，公司一般不招女员工。面试后，小琳感到被聘用的希望不大，同时也对经理和公司产生了看法，认为经理是个很尖刻的人。然而过了一段时间，公司居然通知她去上班了，而且还安排了一个不错的职位给她。在工作中，她又发现，原来经理是个很和蔼的人，对她也很尊重。

在这个案例里，为什么小琳对经理的印象会前后判若两人？其实，这就是由于认知过程的复杂性造成的。在生活中，我们必须对他人（至少是我们认为对我们有重要意义的他人）进行观察、了解、判断和评价，形成对他人的看法，以决定我们在与其交往时进一步应采取的行动。此外，我们都希望自己在他人的眼中具有积极的、正面的形象。因此，考察和研究认识他人的规律和特点，不仅有助于我们更准确地认识他人和采取正确的行动，也能帮助我们树立更佳的形象，在人际交往中取得满意的效果。

认知他人的步骤

人们对现实世界中客观存在的认识是一个完整的过程，对人的认知和了解也同样如此。认知他人的过程需要由表及里，通过一个人的外在特征来推测和判断他的内在属性，而其本质属性和特征往往容易为表象所掩盖，这就使这个过程具有复杂性和持久性。另一方面，人们的认知活动客观上也要经历一个过程，从感官的认知开始逐步深化到大脑的思维分析和判断，是一种从简单到复杂、从对表象的认知到对本质的分析和判断的过程。我们一般可以把认知他人的过程分为 3 个步骤：知觉、判断评价和归因。

1. 知觉：得到最基本的信息资料

他人一般都以某种穿着、容貌和某种行为展示给我们，我们也总是首先运用感觉器官接收他人的外貌、形态、动作、声音等感性特征。因此，对他人的认知总是先从知觉开始的，这是认知他人的第一步。

2. 判断和评价：形成印象并做出评价

通过知觉过程，我们可以搜集到有关他人的基本资料，并根据这些资料依照以往经验（你头脑中内在的价值标准）对他人做出判断和评价。这种关于他人的社会判断和社会评价是认知他人的第二步。

3. 归因：对他人行为的解释

人们在认知他人的过程中，除了会对他人进行判断和评价外，还会对他人的行为表现及存在状态做出推论和解释，即对他人的行为进行归因。行为的归因在认知他人的过程中占有重要的地位，个体对他人及事件的理解和解释将影响其进一步的行为，对同样事件和行为的不同解释将产生完全不同的后继行为。另外，行为的归因也往往意味着认知他人过程的完成，标志着人们对某人的某种行为有了一个基本和完整的认知。

认知他人过程的这3个步骤是相互联系也是首尾相接的。

概括起来我们可以把认知他人的过程简单地理解为：首先，我们的认知活动是从对人的观察开始的；此后，我们在对别人有了一个初步的或者说是感性的认知之后，我们就会根据这些认知来对他人做出判断和评价；最后，我们在认知他人时，除了会对他人做出判断和评价外，还会对他人的行为做出推论和解释，也就是对他人的社会表现进行归因。认知他人的这 3 个步骤只有有机结合起来，才能构成我们认知他人的完整过程。联系我们的生活实际，我们可以感觉到，认知他人的活动是要通过对别人的言谈举止、仪态神情、行为习惯等的观察，形成关于他人的印象，从而做出判断评价，并进一步推论和解释他人的行为。比如说，我们连续多次看到一个女孩儿穿着红色的衣服，我们可能就会想到，这个女孩儿一定非常喜欢红色，而红色给人明艳、奔放、热烈的感觉，那么这个女孩儿也应该具有热情、活泼、开朗的个性。这样的一个过程，实际上就是从我们对颜色的视觉感知开始，进而运用逻辑思维进行推理判断，从而对他人形成完整认知的过程。

认知他人的途径

有的社会心理学家将认知他人的途径总结为以下 4 个：

1. 外表

人的五官都在接收信息，但80%是通过视觉接收到的。在社会认知过程中，我们首先就会注意到认知对象的外表，包括外貌和仪表。外貌主要侧重长相、身材等生理特征，仪表则主要指服饰、发型等后天修饰成分。我们每个人的外表都是生理特征与后天修饰有机结合的结果。外貌长相是天生的，而服饰、发型等修饰因素则是出于个人的选择，因此能在某种程度上反映出个人的喜好、性情、审美与素养。服饰以色彩、款式和质地构成了一种造型语言和表达某种文化意义的符号，人们也往往以不同服饰表达自己在特定环境中的特定身份和特殊感情。

社会心理学家阿盖尔曾做过这个方面的实验，他以不同打扮先后在同一地点出现，当他身穿西服，以绅士模样出现时，无论是向他问路或问时间的人大多彬彬有礼，而且他们看起来基本上是绅士阶层的人；当他打扮成无业游民时，接近他的多半是流浪汉，或是来对火抽烟的，或是来借钱、借烟的。可见，人们往往是根据一个人的衣着推测其职业、社会地位、性格等。

2. 言语

言语作为自我表达和交流的工具，在社会生活中发挥着重要的作用，同时也给人们提供了认知他人的依据。《红楼梦》中，王熙凤“未见其人，先闻其声”，顿时就给人留下了泼辣豪爽的印象。

言语的内容有时可以表现一个人的内心想法，“要知心腹事，但听口中言”，所以有时我们会根据一个人的说话内容来认识他的内在品质。但是，我们也会遇到口是心非的情况，因此，人们应该谨慎地对待这种线索。

除了内容外，人们说话时的语音、语调、语速也能充分表现一个人的性格和其他心理特征。例如，一个人说话速度很快时，我们常推断这是个心直口快的人；一个说话慢声细语的人常给人留下温柔、恬静、有涵养的印象。

3. 面部表情

面部表情是反映一个人内心的态度、情绪和动机等心理因素的基本线索和外在表现形式，通过对人面部表情的观察和分析，可以了解其内心的活动、欲望、意图和状态，借此即可形成对他人的认知。

人类具有丰富的面部表情，它是反映人们身心状态的一种客观指标，例如“喜气洋洋”“气势汹汹”“愁眉苦脸”“眉开眼笑”等都是表示人们喜怒哀乐的心理状态。可以说，人的面部是人体语言的“稠密区”。曾有学者估计，人脸可以做出 25 万种不同的表情，这一估计似乎太过于惊人，但一般心理学家都认为，人的面部表情变化会在 2 万种以上。

美国心理学家艾克曼研究了不同民族、不同文化下，人们对不同的面部表情的辨认，发现人们的判断具有相当的一致性。有人说，面部表情是一种“世界语”，确实有一定的道理。艾克曼发现，不同部位肌肉在表达不同情绪时各有千秋，例如眼睛对表示哀伤最重要，口部对表达快乐与厌恶最重要，前额提供惊奇的信号。当然，要表达比较强烈的情绪往往需要这些部位的协调作用。

在面部表情中眼睛是重要的认知线索，人的各种感情都会从眼睛的微妙变化中反映出来。眼睛之所以成为传递心灵信息的窗户，其奥妙到底何在呢?

首先，我们所说的眼睛实际上是指瞳孔的变化，即瞳孔的扩大和缩小。研究表明，人的瞳孔是根据他的感情、态度和情绪变化而自动发生变化的。达尔文、赫斯等人曾做过专门研究，其结果表明，人的瞳孔变化是中枢神经系统活动的标志，即瞳孔变化如实地显示出大脑中正在进行的思维活动。有人甚至认为，人的瞳孔可以不受身体其他部位的制约而独自活动。另外，扩大的瞳孔意味着兴趣和愉悦情感的存在。因此，男女间约会通常安排在弱一些的光线之下，因为微弱的光线促使瞳孔扩大。心理学家认为，男女间在弱一些的光线下，往往容易获得爱情的成功，这主要是因为在弱光下交往比强光下更加甜蜜、亲切。

其次，目光在日常生活中作用是巨大的。言语有时不一定代表一个人真正的内心想法，即所谓的“口是心非”，但眼睛的奥妙在于它的“真实性”。眼眼不会“说谎”，能显示出大脑的真实思维活动。心理学家经研究发现，做了亏心事，或心虚时，在他人的目光注视下会自动地回避；而在求爱时，人们往往用目光来传递爱慕之情，特别是初恋的男女青年，对于目光的使用频率一般超过有声语言。

4. 姿态与动作

姿态与动作也叫身体语言，指人体各部位动作和所保持的姿势。动作是动态的身势，姿态则指静态的身势，它们都是重要的非语言线索。特定的姿态动作往往传递了一定的信息，表示了一定的态度，能反映一个人内在的心理活动。可以说，姿态动作是一种无声语言，而人类的无声语言要比有声语言更富有表现力和感染力。艾伯特·梅瑞宾发现，在一条信息的全部效果中，只有 38%是有声的（包括声调、变音和其他声响），有 7%是语言（只是词），而 55%的信号是无声的；人们在面对面交谈时有声部分低于 35%，而 65%的交流信号是无声的。著名人类学家霍尔教授告诫人们，一个成功的交际者不但需要理解他人的有声语言，更重要的是能够观察出他人的无声信号，并且能够在不同场合中正确使用这些信号。

认知他人的需要

要想认知他人，除了从一些表面现象入手外，还应当了解他人的动机指向、思维形态、行为方式、情感、状态及其变异，而了解这一切的入口就是认知他人的需要。人的需要就是人的本性，你有自己的需要，同时与你交往的对方也有他自己的需要。既然人不能“独生”，交往是双方共同的事情，交往的成功与否也就取决于双方的需要是否协调。

那么，人到底有些什么需要呢？美国心理学家马斯洛把人的需要分为：生理需要、安全需要、社交需要、尊重需要、自我实现需要、认识和理解需要、美学需要 7 个层次。

1. 生理需要

这是与我们生活息息相关的最基本最原始的需要，包括饥渴、性、睡眠、温暖、蔽身之所等。这些需要是最强烈的，没有它们，我们就不可能关心其他的事。

2. 安全需要

一旦我们的生理需要被满足了，我们紧接着关心的就是安全，包括心理上的安全期望和生理上的安全感。诸如安全、稳定、依靠、保护、避免惊吓和焦虑及烦忧之苦，对建设、秩序、法律、限制等的需要。我们对安全的关心可以从需要住所、服装，以及防寒和避暑中反映出来。

3. 社交需要

我们在群体中的身份满足了一种归属、被接纳和结交朋友的需要，包括拥有朋友、爱人、妻子、丈夫、父母、子女，等等。社交需要是指对感情和归属两方面的需求。

4. 尊重需要

即人们希望得到牢固确立的高评价，包括力量、成就、分寸感、待人处世的能力与信心；包括获取名声、威望、地位、荣誉、权力、认可、注意、重视、尊重及被他人欣赏的愿望。

5. 自我实现需要

即发展自我，发挥个人最高才能，做一切力所能及之事的需要。比如，母亲通过教育子女来当个好妈妈，运动员通过比赛获得好名次，等等。

6. 认识和理解需要

认识和理解是自我实现的一个重要表现，要求系统化地认知世间万事万物，包括求知欲、了解、解释和理解等。

7. 美学需要

是人对美的深层需要，是人最高级的需要。所有的人都需要使自己周围的事物符合自己的审美情趣。

在这个世界上，到处是陌生的人，陌生的面孔，只有充分了解人的这些需要，并努力加以满足，才可以缩短自己与他人之间的距离，明白与人交往时从何处着手，明白可以在哪些方面建立彼此之间的相互关系并使自己在交往的用词、姿态和投入程度上，享有更多的弹性，从而建立良好的人际关系。

人际交往中人的心理活动

人际交往中人的一般心理规律

在人际交往中，人的心理活动是复杂多样的，但它也有一般的规律可遵循。

首先，人们会考虑自己的实际需要，同时寻求更好或者更符合自己的需要。

其次，人们希望自己受到尊重。每个人都会有很强的自尊心，都会对别人伤害性的言语非常敏感。

最后，人们希望自己得到很好的表现机会，希望别人能更多地关心和注意自己。

有这样一个案例：

某天，小梅把一头蓄了几年的披肩长发剪成了齐耳短发，一位老客户来拜访她时，称赞她的短发清爽、简洁。小梅在这赞扬声中，对理发师的怨气一股脑儿全消了。

她说："我刚剪完头发时，觉得一点都不像我理想中的模样，气得我当时就跟理发师吵了一场，怎么给我剪成了这样的发型？这不愉快的心情一直到今天上班。上午还差点和同事吵起来。可是，刚才听了这些赞扬，怒气不知不觉就消了，心里也觉得顺畅了！"

在这个案例中，小梅本来是抱着把长头发剪掉之后能够有一头清爽的短发的心理的，但是在剪发之后，却发现并不是自己原来想象中的那个样子，就非常失望。这就是第一种心理过程。当她的客户夸奖她的短发时，她才感觉自己的心理平衡了。这个变化，就是因为自己的心理得到了一定的满足，而小梅的客户正好是利用了小梅的这种心理规律获得了她的好感。

人际交往中人们共同的心理原则

在人际交往中，尽管每个人的交往动机、要求和期望差别巨大，但仍然有共同的心理原则可循。心理学家总结出了以下 4 条人际交往的心理原则：

1. 交互原则

大量研究发现，人际交往的基础是人与人之间的相互重视与相互支持。因此，社会心理学家指出：人们在交往过程中，必须首先遵循交互原则。

人际交往中，喜欢与厌恶、接近与疏远是相互的。几乎没有人会无缘无故地接纳和喜欢另外一个人。被别人接纳和喜欢必须有一个前提，那就是我们也要喜欢、承认和支持别人。一般的，喜欢我们的人，我们才会喜欢他们；愿意接近我们的人，我们才愿意接近他们；疏远、厌恶我们的人，我们也会疏远、厌恶他们。

为什么会存在这种交互原则呢？心理学家研究发现，每个人都有维护自身心理平衡的本能倾向，都要求人际交往关系保持一定程度的合理性和适当性，并力图根据这种适当性、合理性解释自己与他人的关系。在这种本能倾向的作用下，当他人做出友好姿态以示接纳和支持我们时，我们会觉得“应该”对别人报以相应的回应，进而产生一种心理压力，迫使我们对他人也做出相应的友好姿态。否则，自己以某种观念为基础的心理平衡被破坏，我们就会感到不安。

2. 功利原则

日常生活中的人际交往，除了交互原则，更多的时候我们需要保持交往的平等性，即把握功利原则。此处的功利包括金钱、财物、服务，更包含着情感、尊重等。换句话说，人们都希望交往有所值，例如希望在交往中获得支持、关心、帮助、感情依托，等等。那些对自己来说是值得的，或是得大于失的交往关系，我们就倾向于建立和维持；无所得的人际交往、不值得的交往关系，我们就倾向于逃避、疏远或终止，否则我们无法保持心理平衡。

3. 自我价值保护原则

大量的社会心理学研究证明，每个人心理活动的各个方面都存在一种防止自我价值遭到否定的自我支持倾向。这种倾向反映在人际交往中，就形成了自我价值保护的原则。我们在人际交往中应该充分注意这一点，正确理解他人。

4. 同步变化原则

越来越喜欢我们的人，我们也会越来越喜欢他们；越来越不喜欢我们的人，我们也会越来越讨厌他们。我们对别人的喜欢不仅仅决定于别人喜欢我们的量，而且还决定于别人喜欢我们的水平的变化与性质。这就是人际交往同步变化原则，也被称为人际吸引水平增减原则。

人际交往中心理活动的具体形式

人际交往中，人的心理活动的过程其实就是思维的过程，主要包括分析、综合、比较、分类等形式。

1. 分析

通过分析，人可以进一步认识交往对象的基本性格、心理及其爱好；可以分出交往对象的表面特性和本质特性，使认识深化；可以分出交往对象的行为特征，便于交往活动的进一步开展。

2. 综合

通过综合，可以把交往对象的各个方面、各种特征结合起来进行考虑。例如，把一个人的思想品德、智力水平、健康状况等方面联系起来，加以评价，得出结论，又利于人们全面、完整地认识交往对象，从而选择适当的交往方式。

3. 比较

比较是在头脑中把各种现象加以对比，确定它们之间的异同点的思维过程。人们在人际交往过程中，看清交往对象的特征和相互关系，都是通过比较来进行的。只有经过比较，区分交往对象的异同点，才能更好地识别交往对象。

4. 分类

分类是在头脑中根据交往对象的共同点和差异点，把他们区分为不同类型的思维过程。分类是在比较的基础上，将有共同点的对象划为一类的过程。例如，我们在同别人交往时，会区分哪些人可以成为我们的朋友，哪些人不适合做我们的朋友。

人际交往中普遍存在的心理效应

经心理学家研究表明，人们在人际交往中普遍存在着以下 6 种心理效应。了解这些心理效应有利于我们同他人进行人际交往。我们可以利用这些效应的积极作用，克服这些效应的消极作用，这样便可以使我们给他人留下好印象，从而建立良好的人际关系。

1. 首因效应

“首因”也可以说是第一印象，一般指人们初次接触时各自对交往对象的直觉观察和归因判断。在交往中，首因效应对人们交往印象的形成起着决定作用。

初次见面时，对方的表情、体态、仪表、服装、谈吐、礼节等形成了我们对对方的第一印象。现实生活中，首因效应作用下形成的第一印象常常左右着我们对他人的日后看法。因为第一印象一旦形成，就不容易改变。初次印象是长期交往的基础，是取信于人的出发点。

因此，我们在人际交往中应该注意留给他人好的第一印象。那么，我们应该如何做呢？首先，我们应该注意仪表，比如衣着要整洁、服饰搭配要和谐得体等；其次，我们要注意自己的言谈举止，为此必须锻炼和提高言谈技能、掌握适当的社交礼仪。

2. 近因效应

近因效应是相对于首因效应而言的，是指交往过程中，我们对他人最近、最新的认识占了主体地位，掩盖了以往的评价，也称为“新颖效应”。首因效应一般在交往双方还彼此生疏的阶段特别重要，而随着双方了解的加深，近因效应就开始发挥它的作用了。比如，你的一个很平凡的老邻居突然做了官，你就会对其刮目相看。再比如，多年不见的朋友，在自己的脑海中的印象最深的，其实就是临别时的情景；一个朋友总是让你生气，可是谈起生气的原因，大概只能说上两三条；你的一个好朋友最近做了一件对不起你的事情，你提起他来就只记得他的坏处，完全忘了当初的好处……这一切都是近因效应的影响。

近因效应给了我们改变形象、弥补过错、重新来过的机会。

例如，两个朋友因故“冷战”一段时间后，一方主动向对方表示好感或歉意，往往会出乎意料地博得对方的好感，化解恩怨。

3. 晕轮效应

所谓晕轮效应，是指我们在评价他人的时候，常喜欢从其某一点特征出发来得出或好或坏的全部印象，就像光环一样，从一个中心点逐渐向外扩散成为一个越来越大的圆圈，因此有时也称光环效应。晕轮效应对人际交往有很大的影响。多数情况下，晕轮效应常使人出现“以偏概全”“爱屋及乌”的错误，影响理性人际关系的确立。话说回来，晕轮效应可以增加个体的吸引力而助其获得某种成功，这是其有利的一面。

为了预防晕轮效应的不利影响，我们要善于倾听和接受他人的意见，尽量避免感情用事，全面评价他人，理性和人交往。如果想利用晕轮效应的有利面，我们在与人交往时应采取先入为主的策略，全面展示自己的优点，掩饰缺点，以留给他人尽量完美的印象。

4. 刻板效应

我们在评判他人时，往往喜欢把他看成是某一类人中的一员，而很容易认为他具有这一类人所具有的共同特征，这就是刻板效应。比如，北方人常被认为性情豪爽、胆大正直；南方人常被认为聪明伶俐、随机应变；商人常被认为奸诈，所谓“无商不奸”；教授常被认为是白发苍苍、文质彬彬的老人……

刻板效应在人际交往中既有积极作用，又有消极作用：

积极作用在于它简化了我们的认知过程，因为当我们知道某类人的特征时，就比较容易推断这类人中的个体的特征，尽管有时候有所偏颇；消极作用在于常使人以点带面、固执待人，使人产生认识上的错觉，比如种族偏见、民族偏见、性别偏见等就是刻板效应下的产物。

5. 定式效应

定式效应也称心理定式效应，是指人们在认知活动中用“老眼光”——已有的知识经验来看待当前事物的一种心理倾向。

在人际交往中，定式效应常使人们对他人的认知固定化。比如，与老年人交往，我们往往会认为他们思想僵化、墨守成规、过时落伍；与年轻人交往，又会认为他们“嘴上无毛，办事不牢”；与男性交往，往往会觉得他们粗手粗脚、大大咧咧；与女性交往，则会觉得她们柔柔弱弱、心细如针；与一向诚实的人交往，我们会觉得他始终不会说谎；碰到了曾经圆滑过的人，我们定会倍加小心。知道了定式效应的负面影响，我们就应该注意克服，看待别人要“与时俱进”，用发展的眼光去看。

6. 投射效应

投射效应就是“以己论人”，常常以为别人与自己具有同样的爱好、个性等，常常以为别人应该知道自己的所思所想。投射效应是一种严重的认知心理偏差，它是由怀疑引起的对别人人格的歪曲。“以小人之心度君子之腹”就是投射效应的典型写照。当别人的想法或行为与我们不同时，我们习惯用自己的标准去衡量别人，从而认为别人是错的。喜欢嫉妒的人常常认为每个人每天都在嫉妒。

克服投射效应的消极作用，我们应该辩证地、一分为二地看待自己和他人，严于律己、客观待人，尽量避免以自己的标准去判断他人。

个性心理与自我意识

个性心理影响人际交往

小峰正在读高二，他性格开朗、乐于助人，朋友很多。虽然高中学习紧张，小峰却应付得轻松自如，而且学习成绩也不错。

在人际交往过程中，我们都愿意与性格开朗、积极乐观的人进行交往。显然，上述案例中所说的小峰就是这样的人。这里所说的性格开朗、积极乐观就属于心理学范畴的个性心理。心理学家认为，个性是一个人独特的、稳定的心理特征的总和，是对个体精神面貌的总的描述。对于这一概念的理解应当从人性谈起。人性是人的本质属性或人的共性，包含人所具有的生物属性、精神属性和社会属性三个方面。对于不同的个体来说，他们之间在这三个方面都或多或少地存在一定的差异。这种个体间的差异就构成了每个人的独特性，即个性。因此可以说，个性是人性的个体差异，或者说是具体表现在每个人身上的人性，其构成仍然包含人所具有的生物属性、精神属性和社会属性三个方面。心理学家对个性问题的兴趣集中在个性的精神属性方面，研究的是人性中的精神属性在具体人身上的体现。因此严格地说，上述个性的概念实际上指的是个性心理。

个性心理是在个体社会化的过程中逐渐形成的，先天的遗传素质、后天的社会影响，以及更深层次的文化因素对个性心理的形成具有决定作用。

个性心理的构成包括个性心理倾向、个性心理特征和自我意识三部分内容：个性心理倾向由一组在个性结构中较活跃的成分组成，个性心理特征由一组在个性结构中较稳定的成分组成，自我意识则是个性结构中起协调控制作用的成分。各部分间相互协调、共同构成一个有机联系的整体。由于自我意识对人际交往的影响作用较大，所以，我们将在下一个问题中详细分析。在这里我们先来分析一下个性心理倾向与个性心理特征对人际交往的影响。

1. 个性心理倾向

个性心理倾向性是个性结构中较活跃的一组心理成分，决定着人对客观现实的态度和行为的积极性，表现出个性的能动性。其基本成分包括需要与动机、兴趣与爱好、理想与信念等。

（1）需要与动机

需要与动机是个性心理倾向中最基本的成分。需要是个体和社会的客观需求在人脑中的反映。人具有生物属性和社会属性。作为生物的人，必须维持个体的生命和延续种系，因此需求衣物以蔽寒、需求食物以充饥、需求婚配以繁衍后代，这些需求反映到人脑中就形成生理需要；作为社会的人，必须延续和发展个体所属的社会，因此需求人际交往、生产劳动、科学文化，这些需求反映到人脑中就形成社会需要。而人的生理需要与社会需要都必须通过人际交往来实现，也就是说人的需要促使了人与人之间的相互交往。

动机是引发并维持人的行为指向一定目标的内在动力。作为行为的直接原因，动机具有激发行为产生、维持行为活动和引导活动指向既定目标的三种功能。人际交往作为一种社会行为也是由动机激发、维持和引导的。

（2）兴趣与爱好

兴趣与爱好是人们积极认识、关心某种事物或积极参与某种活动的心理倾向。它是需要的一种带有情感色彩的表现，具有选择性、从众性、情感性和相对稳定性等特征。个体之间在兴趣与爱好的指向性、广博性、集中性和持久性等方面存在一定差异。

兴趣与爱好是一种心理现象的两个层次，兴趣是爱好的基础，指对某种事物或某项活动仅限于在认知层次上具有关注的倾向。如球迷对球赛的狂热、戏迷对名角的痴迷都是仅限于观看和欣赏，属于兴趣的范畴。爱好则是在兴趣基础上的深化，指不仅在认识层次上对某种事物或某项活动感兴趣，而且在行动上积极参加与此相关的活动。如棋迷不仅喜欢观棋，而且积极参加角逐；票友不仅喜欢听戏，而且积极参与演出，则属于爱好的范畴。

兴趣与爱好也是促使人们进行人际交往的动力，如现在社会上比较流行的以兴趣点为主要内容的主题俱乐部。兴趣爱好相同也是许多人选择朋友的重要标准。

（3）理想与信念

理想与信念是个性心理倾向中的高级表现形式，对需要与动机、兴趣与爱好有一定制约作用。

理想是指符合现实生活发展规律、指向未来，并有可能实现的一种积极的想象。理想是一种有根据的、合理的想象，是人们对未来的向往和追求。

理想的实现需要借助人际交往，离开人际交往活动，理想就会变成一棵没有根的大树，很快就会枯萎。而共同的理想也会促使人们团结在一起，共同奋斗。

信念是人们对一种思想、观念确信无疑的看法，是人们意识的核心部分。信念是人认识事物的出发点、是判断是非的标准、是激励人们活动的精神支柱。它的形成包含着个体对一种思想、观念或理论的深刻认知，包含着对其描绘的前景充满深切的情感共鸣，还包含着为实践这一理论自觉自愿的意志行动。因此可以说，信念是认知、情感和意志的合金。

信念还是群体活动的心理前提，是激励人们结合在一起共同活动的精神支柱。共同的信念是把群体成员凝聚在一起的黏合剂，是整个社会进步和发展的动力。只有共同的信念才能统一人们的意志，统一人们的行动，激励人们为实现共同的理想而努力工作，为捍卫共同的信念而牺牲个人的利益。

2. 个性心理特征

个性心理特征是个性结构中较稳定的成分，它表明个体的典型心理活动和行为特征，是个性差异的重要标志。其基本成分包括能力、气质和性格。

（1）能力

能力指人们顺利完成某种活动的心理特征。它包括智力、一般能力和特殊能力。智力指从事认知活动所必须具备的心理条件，包括观察力、注意力、想象力、思维力和记忆力等。一般能力指从事任何活动都必须具备的基本能力，包括组织能力、定向能力、适应能力、操作能力和创造能力等。特殊能力指完成某种特殊活动所需要的能力，如从事绘画工作所需要的色彩鉴别能力，从事音乐工作所需要的音乐节奏感等。要保证成功完成某项活动需要综合使用多种能力。在社会活动当中，人与人在能力上存在一定的差异。这是由于能力既受遗传素质的制约，也受个体生活实践及社会历史条件的影响，而每个人的遗传素质和生活实践经历各不相同所形成的。个体在能力上的差异使有的人善于交际，有的人不善于交际。但是，个人能否建立良好的人际关系与他的智力是无关的，因为智商高的人不见得比智商低的人有人缘。影响个体人际关系的是人的一般能力，而非智力和特殊能力。

（2）气质

气质是表现一个人的情绪和行为发生的速度、强度、灵活性方面的稳定和动力性心理特征，相当于通常所说的脾气、秉性或性情。在现实生活中，有人脾气暴躁、容易激动；有人性情温顺、情绪稳定；有人活泼好动、伶俐敏捷；有人行为稳定、反应迟缓，这些特征都是个性中的气质特征。

心理学家通常将人群划分为四种典型的气质类型，并对各种气质类型的优缺点进行了描述。

多血质：活泼好动，乐观大方，反应敏捷，喜交际，注意力易转移，情绪、兴趣多变，缺少持久力，善于适应环境变化，偏外倾性。此种气质类型的人，应着重发扬其热情活泼、机智灵活的长处，尽量避免自由散漫、见异思迁等短处。

胆汁质：反应迅速，果断直率，精力旺盛，脾气急躁，情绪兴奋性高，容易冲动，情绪变化剧烈，控制力差，具外倾性。此种气质类型的人，具有豪放、开朗、果敢、进取的优点，但容易任性、粗暴、清高孤傲。

黏液质：安静少动，沉着稳重，多思慎行，反应缓慢，沉默少言，情绪不易外露，注意力稳定持久不易转移，善于忍耐，具内倾性。此类气质特征的人，优点是坚定、稳重、踏实、诚恳，不足往往是谨小慎微、因循守旧。

抑郁质：深沉寡言，不擅交际，孤僻胆小，兴趣少，不活跃，行动迟缓，情绪体验深刻，细致敏感，富于幻想，温顺柔弱，偏内倾性。此种气质类型的人，应发挥其机警、细心、感觉敏锐等优势，注意克服孤僻、自卑、忧郁、多愁善感等弱点。

（3）性格

性格是一个人对客观现实较稳定的态度和与之相适应的习惯化的行为方式。它是构成个性的核心成分，反映着个体所特有的人格化的综合性心理特征。从结构上看，性格具有三个基本要素，即作为性格核心成分的处世原则、作为性格实体的对事态度和作为性格表现特征的活动方式。三个要素互相联系，以固定的搭配方式构成个体独特的性格。

性格按心理机能的优势划分有理智型、情绪型和意志型；按指向性划分有内向型和外向型；按独立性的程度划分有独立型和顺从型。

性格类型不同的人在人际交往中所表现出的态度与行为均不相同，他们对人际交往的认知程度也不相同。

自我意识在人际交往中的作用

自我意识是指每个个体对自己存在的觉察，即自己认识自己的一切，包括认识自己的生理状况（如身高、体重、形态等）、心理特征（如兴趣爱好、能力、性格、气质等），以及自己与他人的关系（如自己与周围人们相处的关系、自己在所属团体中的位置和作用等）。总之，自我意识就是自己对于所有属于自己身心状态的认识。例如，自己与他人进行对话时，自己意识到（察觉到）自己正在和人谈话，同时感觉（体会）他人对自己的表现是否满意，并判断自己的观点是否正确，等等。

从表面上看，自我意识是一个人对自己的认识与评价、对自己的感情和态度，这完全是在他内心世界的范围内进行的，他人无法知道。但是，自我意识实质上却是在一定的义化环境中，通过主体与其他人相互作用而形成的，是社会化的结果。一个人产生了对自己的认识与情感之后，就能够指导自己的行动，使个人适应社会。

由于自我意识是作为主观的我对客观的我的觉察，是自己对自己的认识、体验与控制，所以自我意识在某种程度上对人际交往也具有多方面的作用。

1. 自我意识中正确的自我评价对人际交往的作用

正确的自我评价，对于个人的心理活动及其行为表现，对协调社会生活中的人际关系有较大的影响。20 世纪初期，美国社会心理学家柯里就指出："在人们的心理生活中，自尊或自卑的自我评价意识有很大作用。人们经常会把自己看作是有价值的、令人喜欢的、优越的、能干的人。如果一个人看不到自己的价值，只看到自己的不足、什么都不如别人、处处低人一等，就会丧失信心，产生厌恶自己并否定自己的自卑感，这样的人就会缺乏朝气，缺乏积极性。"但柯里又指出："如果一个人只看到自己比别人好，别人都比不上自己，这样就会产生盲目乐观情绪，自我欣赏，自以为是，因此就不能处理好人际关系，不能调动自己及他人的积极性，而且还会遭遇社会挫折，产生苦闷情绪。"

一般来讲，个体对自己生理、心理等方面的评价不可能做到各方面都恰如其分。人们认识客观世界总是从不全面到全面，从不正确到正确，何况正确认识自己、评价自己。这是一个更为复杂的过程，因为除了认知因素外，还会受到动机、需要、愿望等其他心理因素的影响，因此往往容易过高或过低地估计自己。

研究表明，青年及少年儿童对于积极的道德品质（如诚实、勤奋等）的自我评价往往高于他人对自己的评价；对于消极品质（如欺骗、懒惰等）的自我评价则往往低于他人对自己的评价。如果一个人的自我评价与社会上其他人对自己的客观评价之间的距离过分悬殊，就会使他与周围人们之间的关系失去平衡，产生矛盾。长此以往，还会形成自己稳定的心理特征——自满或自卑，不利于个人心理上的健康，也不利于人际交往的正常进行。

2. 自我意识中的自我情绪体验对人际交往的作用

自我情绪体验的内容十分丰富，下面主要讲自尊心与自信心对人际交往的作用。

（1）自尊心的作用

自尊心是自我意识的一个重要组成部分。自尊心就是尊重自己的人格，尊重自己的荣誉，不向别人卑躬屈膝、不容许他人歧视与侮辱自己。这是一种维护自我尊严的自我情绪体验，所以自尊心也称为自爱心。一个人如果缺乏自尊心，则任何的批评与表扬都起不了作用；有了自尊心，就不会为个人目的而奉承别人，也不需要别人奉承自己。

与自尊心密切相关的是羞耻心。羞耻心总是和上进心、荣誉感联系在一起。羞耻心是指由于发现自己在认知上、行为上的不足、缺点和错误而感到羞愧，受到他人侮辱而感到愤懑。羞耻心是产生自尊心的基础，没有羞耻心的人亦无所谓自尊心。羞耻心对自己的进步与成长有很大影响，一个人如果有了缺点与错误，不以为耻，反以为荣，那么他就无法进步。

怀有自尊心与羞耻心的人，总是有争先进、争上游、不达目的不罢休的好胜心。他们不甘落后，自觉而主动地遵守纪律，做好本职工作，创造性地完成任务。所以说，自尊心与羞耻心是推动人们不断上进的一种动力。有自尊心的人受到表扬会更加严格要求自己，有羞耻心的人受到批评会更加严格要求自己。自尊心是自我意识中最可贵的品质，它对于人们进行正常的人际交往是非常重要的。

（2）自信心的作用

自信心是对自己力量的充分估计，也是自我意识的重要成分。自信心是人们进行人际交往不可缺少的一种重要的心理品质。一个人如果很自卑，看不到自己的力量，总认为自己不行，做不好工作，处理不好人际关系，久而久之就会形成一种固定的心理定式，从而产生对人际交往的恐惧心理，影响其人际交往的正常进行。而具有自信心的人则充分相信自己的能力，能够灵活自如地进行人际交往。可见，自信心对于人际交往的作用是非常重要的。

3. 自我控制对人际交往的作用

自我控制对个体的学习、工作及人际交往都具有推动作用。由于主观的我要求客观的我符合其期望水平，从而推动并促进其思考、记忆、注意、情感等心理机能处于积极活跃的状态，为获得优秀成绩、博得社会赞许及他人的好感而做出不懈的努力。

自我控制对个体态度的转变具有决定作用。个体的态度不是一成不变的，它随着客观的要求而发生变化。但是，一个人的态度的转变并不是由他人或团体强迫命令而完成，而是通过自愿，也就是把客观的要求转化为自己的要求，即转化为主观的我的需要。未经这一转化，则其态度不能发生转变。例如，个人对自己各方面的评价都很高，认为自己一贯正确，甚至十全十美，则当客观上要求自己改变某种态度时，由于自己对自己的看法距离他人或社会对自己的看法过大，自己就会感到十分委屈，很难转变态度。另一种情况是，即使自己看到社会要求与现实的我之间存在很大差距，但自己却把社会要求降至最低水平，认为自己只要能够“混过去”就可以，那么也无法改变自己的态度，符合时代的要求。只有当个体真正意识到态度转变的重要性，他才可能切实地将此落实到行动之上。例如，在人际交往中，个体认识到清高的个性使自己不受他人欢迎，他便会通过自我控制逐步改变这种个性，努力使自己成为一个受人欢迎的人。

通过态度预测行为

态度与行为

态度是个体在社会生活中，经过社会化和人际交往而逐渐形成的。态度一旦形成，便较为稳定，成为个体人格的一部分，从而影响到人的整体行为。

现在大多数心理学家都赞同把态度的构成分为三个部分，即认知、情感和行为倾向。他们认为态度是一种内心的心理活动，是由知、情、行三部分组成，是个体以认知的、情感的和行为倾向的反应方式对某种刺激做出反应的预先倾向。认知成分是指个体对态度对象所具有的知觉、理解、信念和评价。态度的认知成分不只是个体对态度对象的认识和理解，而且常常是带有评价意味的陈述，带有个体的评判、赞成和反对。情感成分是指个体对态度对象所持有的一种情绪体验，如尊敬和鄙视、喜欢和厌烦、同情和嘲讽等。行为倾向成分是指个体对态度对象所持有的一种内在反应倾向，是个体做出行为之前所保持的一种准备状态。由此我们可以看出，态度是个体做出行为前的内心体验，我们可以根据态度来判断个体的行为。

人的态度是在适应环境的过程中形成的，而在形成后态度又会反过来帮助人们更好地适应环境，更恰当地处理好各种交往关系（这里既包括自己应在人际交往中保持适当的态度，又包括通过别人的态度来预测其行为）。人们生活在社会之中，不可避免地会接触到各种社会关系，在各种交往中，控制自己的态度比通过别人的态度预测其行为要容易一些，比如一般人在会见客户时都会把自己的私人情绪暂时放在一边，但他们却不一定能够准确地根据接触对象的态度预测其行为，进而做出相应的策略。

社会心理学家研究态度的主要目的就是为了预测行为，但是许多研究表明，态度与行为的关系并不简单，影响态度对行为的预测有以下几个因素：态度的具体性、态度的成分、态度的强度、态度的通达性、人格变量。

因此，通过态度预测行为时，应注意下列因素：

（1）态度方面的因素：态度各成分是否一致——当态度的认知和情感成分一致时，预测率高；态度的特殊性；态度来自直接经验还是间接经验——来自直接经验的态度更能够预测行为、态度的强度和清晰度。

（2）行为方面的因素：是单一行为还是多重行为，单一行为与态度的关联度更强些；即时行为与长久行为——态度与行为间隔时间越短，预测准确率越高；情境压力如何——情境压力较小时，态度对行为的预测准确率会高些。

（3）主体方面的因素：态度对象与个人关联的程度——越是跟个人的价值观接近的态度越能预测行为；个人自身的人格因素，诚实的人不善伪装，而阴险狡诈的人则非常善于伪装，他们不会轻易把自己的真实态度表露出来。

如何理解他人的态度

人的态度往往是其感情的外显形式，要想正确理解一个人的态度，可以从考察其感情变化入手。而人的感情变化往往通过表情、动作、言语等方面表现出来。只要仔细观察，就不难理解。

1. 细察表情变化

人的感情变化反映到脸上是丰富多样的，即我们通常所说的表情多变。俗话说："人逢喜事精神爽。"反过来说，遇到悲伤，脸部的表情就会不知不觉变得僵硬起来。

我们要想准确看出对方的真实内心活动，首先，就要对表情的变化有透彻的认识，同时也要了解判断表情的原则。以此为基础，勤加训练，方能达到理解他人态度的目的。

为了了解感情变化与表情变化的内在联系，我们需要先研究一下大脑的运动领域。大脑所负责的运动领域相当广大，其中负责脸部运动的领域与其他部分比起来要大许多。由此可知，能够把微妙的心态忠实显现的器官，当以脸部为最。

其次，我们必须了解：随着感情的变化，脸上的哪些肌肉会被牵动，以及它们会呈现出哪些表情。为了容易理解，我们不妨把感情的变化分为"愉快"和"不愉快"两种，接下来我们看一下当这两种表情出现时，相应的脸部肌肉都会出现哪些特征。

愉快的表情在日常生活中很容易观察得到，当它出现时脸部的特征是：嘴角拉向后方；面颊往上收。

不愉快的表情特征是：嘴角下垂；面颊往下拉；眉头深锁，眉毛皱成"八"字。

人们日常所体验的种种表情的变化，就是以愉快、不愉快这两种对立的感情为基础的。可以把这些表情分为5种类型：欢喜、愤怒、痛苦与悲伤、惊讶与恐惧、嫌恶。我们在观察对方的表情时，可以先把其归为愉快或不愉快，然后再详细研究他的表情是属于愉快或不愉快中的哪一种。仔细推敲，定能知晓其感情变化。

2. 留心异常动作

如果对方压抑自己的感情，而不形诸外表，仅靠上一条中的那些知识，当然无法看穿对方的真心。碰到这种情况时，应该如何正确理解他人的态度呢？

此时，只要我们能认清感情的“性质”，一切就会迎刃而解了。

当一个人的感情处于压抑状态时，内心就会紧张，形成一种包藏能量的状态。这时候，他的心里就像装满水的容器，对它施以高压后，看似平静，实则其内部已经蕴含了巨大的能量。虽然这些能量不会马上爆发出来，但却不会波澜不惊的。只要留心观察，你便会发现，压抑感情的人会做出一些异常的动作。

那么，当一个人试图压抑自己的感情时，会出现哪些异常行为呢？

（1）脸上出现僵硬、痉挛的现象。当一个人由于感情变化勉强抑制情绪时，就容易产生这样的现象。如对上司心怀不满的职员，因为受到压抑，在见到上司时，脸上就会呈现出僵硬的表情。这时候，通常看到对方脸上会出现诸如过度的皱眉、面颊抽搐、双眼猛眨、鼻头起皱等肌肉反常的紧张、痉挛现象。

（2）一个人如果掩饰内心的感情，手、脚也很容易做出某种动作。这就是说，感情的能量被运动能量代替了。

例如：当客人久坐不走，主人又有事待办，希望对方快离开，但又不好意思直说时，主人就会表现得焦躁难安，手指不断地动，脚也不时地交叉后又放开。这些都属于“感情变形的动作”。

因此，在日常交往中，我们只要稍微用心观察，平常多注意积累经验，即使对方不把感情的变化显现出来，我们还是能够把他们隐藏住的感情一眼看穿的。

3. 言谈泄露玄机

当一个人压抑自己的感情时，他的言辞或言谈方式也会出现一些异常现象。

例如，一个人心有不满或失望的时候，就会出现言谈无力、措辞枯涩、话题死板的现象。反过来说，如果心中有愧，想撒谎来掩饰心里的不安，往日寡言寡语的人也会突然变得能言善辩。

因此，当我们遇到一个对题外事滔滔不绝的人，就应该知道他是在掩饰某种意图。这时，便要小心观察，从他的言辞中去推测他想隐瞒的到底是什么。

又如，尖刻的挖苦话，往往是敌意、攻击性的表现；刻意形式化的客气言辞，往往是隐藏了憎恶的感情。

以上所说的，是有关人的感情受压抑之后，其表情、动作、言语方面产生变化的一般原则，若要了解此类感情，我们就要积极地自行进入“情况”，有时候，甚至故意撒谎，静观对方的反应。要想通过别人的态度正确预测其行为，就必须具有这种心理准备，否则难以成功。

脸色是最明显的态度

提起态度，人们通常会觉得它很抽象，也很难把握；但对于脸色，人们却非常熟悉，大部分人也都懂得看脸色行事。脸色是态度的一种外在表现形式，通常人们对于某一事物有什么样的态度就会表现出相应的脸色，所以我们在与人交往时，可以通过脸色预测其行为。这就是我们通常所说的“出门观天色，进门看脸色”。观天色，可推知阴晴雨雪，决定携带哪种工具，以不受日晒雨淋；看脸色，便可知其态度。态度往往通过表情显现于外，而人的行为又常常受到态度的制约。

人在高兴时，心情舒畅，看见高楼大厦，会联想到那是“凝固的音乐”；看见车水马龙，会联想到那是“滚动的诗歌”。而人在烦恼时，心情抑郁，欣赏《田园交响曲》会觉得是噪音；听到“二泉映月”，可能会想到虎啸猿啼。心情好时，就容易体谅、礼让、关心和帮助人，也乐意与人攀谈，接受别人的邀请，甚至看见小狗也能热情地打个招呼；情绪坏时，则容易发火，容易伤害别人，不想接受他人的询问，甚至动不动就恶语伤人，摩拳擦掌。因此，学会察言观色，留意对方的表情，互谅互让，当止则止，就可避免许多不必要的纠纷，求得和睦相处。

孩子在学校没犯错却挨了老师一顿莫名其妙的批评，装了一肚子气。傍晚放学后他背着沉重的书包怏怏然走进家门，刚端上饭碗，父亲又开始了“家庭教育”：“我像你这么大的时候……”孩子越听越烦，觉得脑袋都要爆炸了。于是，连他自己也说不出为什么，把筷子一丢，大喊一声：“烦死人了！”父亲认为儿子不应该顶撞自己，怒从心生将孩子又训斥了一番，受了委屈的孩子哭着跑开了。

这样的事例在社会生活中是经常发生的。假如这位父亲能够善解人意，发现孩子的表情与平常不同，进而窥测其内心的秘密，采用安抚疼爱的方法，待孩子吃完饭后再细心地开导，不仅不会把孩子气跑，致使父子关系僵化，而且还会给孩子以心灵上的抚慰，加深父子感情。

诸如此类，举不胜举，尽管是些生活细节，但是如果我们能够通过当事人的态度，即当时的表情来预测其行为，便可以及时地把自己的言行组合或分解，及时地控制自己的喜怒哀乐，及时地改变错误的决定，及时地退或进，那么我们的人际关系一定会更加和谐。也就是说，通过态度预测行为，可以让你知人知面又知心，可以帮助你与他人建立起更密切、更有效的关系，以获得权利、成功和爱。

第2章

理解他人的基本方法

测试：你具有察言观色的本领吗

1. 当你坐上公共汽车时，你：

A. 谁也不看

B. 看着站在旁边的人

C. 与离你最近的人搭话

2. 当你看橱窗时，你：

A. 只关心对自己有用的东西

B. 也看看此时不需要的东西

C. 注意观察所有东西

3. 在漫天繁星的夜晚，你：

A. 努力观察星座

B. 只是一味地看天空

C. 什么也不看

4. 你记住你邻居的：

A. 姓名

B. 外貌

C. 什么也没记住

5. 进入某个单位时，你：

A. 注意桌椅的摆放

B. 注重用具的准确位置

C. 观察墙壁

6. 你从自己看过的风景中记住了：

A. 颜色

B. 天空

C. 当时浮现在你心里的感受

7. 你在公园里等人时，你：

A. 仔细观察你旁边的人

B. 只看报纸

C. 想别的事情

8. 你放下正在读的书时，总是：

A. 用铅笔标记读到什么地方

B. 放个书签

C. 相信自己的记忆力

9. 你的上司今天闷闷不乐，似乎在生气，而你有事询问，你会：

A. 直截了当地向他询问

B. 先做自己的事，等他心情好一点再问

C. 不是重要的事，索性不去问他

10. 早晨醒来后，你：

A. 马上就想起应该做什么

B. 想起梦见了什么

C. 回忆昨天都发生了什么

11. 在大街上，你：

A. 注意来往的车辆

B. 观察建筑物的正面

C. 看行人

12. 你的同事在一小报上发表了一篇文章，兴奋地向你炫耀，你会说：

A. “真了不起，文章写得真不错。”

B. “文章写得不错，但应该向大报社投稿。”

C. “我的朋友在报纸上已经发表过十几篇文章了。”

13. 和人相遇时，你：

A. 只看他的脸

B. 悄悄地从头到脚打量他一番

C. 只注意他脸上的某个部位

14. 看到你的亲戚或朋友过去的照片，你会：

A. 兴奋

B. 觉得好玩

C. 尽量了解照片上的人都是谁

15. 你在摆好的餐桌前：

A. 赞扬它的精美之处

B. 看着人是否都到齐了

C. 看看所有的椅子是否都放在适当的位置上

计分方法

类别 \ 得分 \ 题号	1	2	3	4	5	6	7	8	9	10	11	12	13	14	15
A	3	3	10	3	3	10	10	3	3	10	5	10	5	5	3
B	5	5	5	10	10	5	5	5	10	3	3	5	10	3	10
C	10	10	3	5	5	3	3	10	5	5	10	3	3	10	5

完全解析

60 分以下：说明你绝对不关心周围的人内心想法。你甚至连分析自己的时间都没有，更不会去分析别人。因此，你是一个自我中心倾向很严重的人。这可能会成为你人际交往、职场开拓的不小障碍。

61 ~ 80 分：说明你对别人隐藏在外貌、行为方式背后的东西漠不关心，但你在与人交往中不会产生多少严重的心理障碍。

81 ~ 99 分：说明你有相当敏锐的观察能力。但是对别人的评价有时会带有偏见。

100 ~ 150 分：说明你是一个很有观察力的人。同时，你也能分析自己和自己的行为，你能够极其准确地评价别人。

要想理解他人，需要借助一定的方法，比如下面我们所要提到的言语线索与非言语线索，以及归因理论等。掌握了这些方法，你就会发现，他人的行为与思想变得不再陌生了，从而你也不会对此产生强烈的反感。

读人先读声：言语是思想的载体

言语是破译心态的密码

言语是思想的载体，思想是语言的灵魂，两者在相当程度上有密切的关系。在人们的现实生活中，常常会有欲言又止、吞吞吐吐的现象发生，在那一刻他内心的心理密码已经泄露了他的真实动机。下面我们将告诉你怎样通过言语来破译他人的心态。

（1）在正式场合中发言或演讲的人，开始时就清喉咙者，多数人是由于紧张或不安。

（2）说话时不断清喉咙、改变声调的人，可能是有某种焦虑。

（3）有的人清嗓子，则是因为他对问题仍迟疑不决，需要继续考虑。一般有这种行为的男人比女人多，成人比儿童多。儿童紧张时一般是结结巴巴，或吞吞吐吐地“嗯……啊……”，也有的总喜欢习惯性地反复说：“你知道……”

（4）内心不诚实的人，说话支支吾吾，这是心虚的表现。

（5）卑鄙乖张的人，心怀鬼胎，因此声音会阴阳怪气，非常刺耳。

（6）有叛逆企图的人说话时常有几分愧色。

（7）情绪激动之时，就容易有言语过激之声。

（8）内心柔和平静的人，说话之时总是如小桥流水，平柔和缓，极富亲和力。

（9）浮躁的人喋喋不休。

（10）心中有疑虑、思想不定的人说话总会模棱两可。

（11）善良温和的人话语总是不多。

闲谈是一种从言语密码破译对方心态的最好方式，闲谈时，整个氛围显得轻松愉快，可让对方降低心理防线。

第二次世界大战中期，东条英机出任日本首相。此事是秘密决定的，各报记者都很想从参加会议的大臣们口中探得秘密，却一无所获。这时候，有位记者用心研究了大臣们的心理，他们不会说出是谁出任首相，但假如问题提得巧妙，对方会不自觉地露出某种迹象，就有可能探得秘密。于是，他向一位参加会议的大臣提了一个问题：此次出任首相的人是不是秃子？因为当时有 3 名候选人：一个是秃子，一个是满头白发，一个是半秃顶，这个半秃顶就是东条英机。在这看似无意的闲谈中，这位大臣虽然没有直接回答出具体的答案，但聪明的记者从大臣思考的瞬间，就推断出最后的答案，因为大臣在听到问题之后，一直在思考半秃顶是否属于秃子的问题。记者从随意的闲聊中套出了他需要的第一手资料。

在人际交往中，最容易被破译密码的语言，就是客套话。客套话的存在是社会发展的必然结果。但是客套话要运用恰当，当过分牵强而显得不自然的时候则说明此人别有用意。在毫无隔阂的人际关系中，并不需要使用客套话。不过，当在此种亲密的人际关系里，突如其来地夹入了客套话的时候，就必须多思考一下其真实意图。有时候，男女朋友之中的某一方，使用超乎寻常的客套话时，就很可能是心里“有鬼”的征兆。

用过分谦虚的言语谈话时，可能在表示强烈的嫉妒心、敌意、轻蔑、警戒心，等等。“语言乃是测量双方情感交流的心理距离的标准”，客套话使用过多，并不见得完全表示尊重，往往也可能含有轻蔑与嫉妒的情绪。同时，在不知不觉中将他人与自己隔离。因此，在使用客套话时应该慎重。

言语的 4 种风格

一个人的言语风格可以从一个侧面反映他为人处世的态度和生活理念。言语的风格有很多种，文雅敦厚的，庸俗刻薄的；热忱大方的，冷漠畏缩的；滑稽幽默的，呆板无趣的……每个人都有自己独特的言语风格，每种言语风格都能在现实中找到活生生的例子。通过一个人说话的风格，我们可以大体上了解他的性格特征。言语的风格多种多样，不能够一一详述，这里我们仅举出 4 种比较典型的、常见的言语类型，并做一定的分析：

1. 含蓄型

这是一种相对而言的言语风格，正如宋词有以辛弃疾、苏东坡为代表的豪放派，相对的是以柳永和李清照为代表的婉约派。具有这种言语风格的人属于感情细腻、敏感多疑型。他们不愿让别人了解自己内心的真实想法，时刻注意别人对自己的看法和感受，属于非常理性谨慎型的人，说一句话前会不断权衡，懂得怎样拿捏分寸。但他们常常会给人不真实、不坦率的感觉。这种人内心想法颇多，又不愿对旁人随便倾诉，容易给自己造成较大压力。

2. 直爽型

具有这种言语风格的人，多半坦诚、直接，胸无城府，心直口快，说话不会拐弯抹角。在小说中，这种言语风格多体现于英雄豪杰身上，粗犷而直白，真诚而袒露。这样的人值得信任、容易交往，而且精神饱满，做事有热情，对朋友仗义豪爽。但任何事物必然有其两面性，这种言语风格也很容易出口伤人，说话太直接、太真实，不顾及对方的感受，有时候难免会“伤人自尊”。

3. 保守型

具有这种言语风格的人大体而言比较保守，谨小慎微，性格比较沉稳，稍显内向。这样的人不会乱开玩笑，说话极有分寸。但有时候过分规矩，反而会显得呆板、固执、“较真儿”，给人不通情达理的感觉。

4. 幽默型

风趣、幽默的言语不仅能逗人开心，也是智慧的体现。这种言语风格能帮助人们提升社交能力、个人魅力，改善人际关系。拥有这种言语风格的人多乐观开朗、聪明活跃。他们往往会成为人群中的焦点，有他们在，就能够避免冷场的尴尬，起到调节气氛的作用。但这种言语风格的运用也应该讲究场合，因人而异。能够在恰当的场合，对恰当的人幽默，才是智慧的表现。

言语的类型不一而足，每一种类型都有其产生的环境和背景。通过言语的风格来判断一个人的个性、品位、素质，是理解他人的基本方法中必不可少的一个环节。

听话要听出“弦外之音”

在日常交往中，通常存在着两种类型的话语：一种是表面话语，而另一种是“弦外之音”。“弦外之音”才是一个人真正表达其感情或祈求的内心话，因此，如果想要正确地理解他人，我们就必须懂得如何去听出对方话语中的“弦外之音”。

在日常的对话之中，我们必须从隐藏在对话背后的“弦外之音”上着手，才能够使彼此的意思或感情得到有效的沟通。

举一个例子来说：

在一个天气暖和的上午，晓惠坐在公园里的一张长椅上欣赏风景。

这时候，坐在离晓惠不远的长椅上的一名男士，突然向她说：“今天天气很好啊！天上一片云彩也没有。”

如果从他这句话的表面来想，他只是向她叙述天气的状况。可是实际上，它还隐藏着许多的意义。

首先，表示他很想和晓惠谈话。其次，由于他怕晓惠不愿意和他这样一名素不相识的人对话，所以就借这句话来试探她的反应。

如果他一开口就问：“你从事哪一方面的工作？”“你有几个小孩？”“请问贵姓？”万一晓惠不理他，他岂不是会感到很尴尬吗？所以，他就借叙述天气和晓惠攀谈。

为了能够迅速听出别人的言外之意，我们必须养成这样的习惯：当自己听别人在说话，或者是自己在和别人对话时，要自问一下："他为什么要这么说？""他那句话中的'弦外之音'是什么？"

如果对方是在炫耀他那光荣的过去，这时候我们就要留心了，因为此时他心里正在期待着我们的夸奖。所以，只要顺其意夸奖他，你就一定能够获得他的好感。

同时，我们也要懂得如何听出讥讽、嘲笑、挖苦等言外之意。对方之所以会向我们说这种话，一定是因为对我们感到不满才会这样的。遇到这种情况时，我们不要立刻反驳或一味生气，就当作没有听到好了，免得和对方发生不必要的冲突。不过，事后最好能自己检讨一下，为什么别人会讥讽我？我本身是否有什么缺点？或者是无意中得罪了人家，才会引起别人的怨恨，而以讥讽来消除他心中的怨恨呢？当我们得知了其中的原因之后，并且及时改正自己的行为，那么，虽然受到别人的讥讽，也可以说是从中受益了。

从言谈话语洞悉对方心理

人在试图掩盖某种真相时，往往会改变言谈的内容。因此，要想从言谈内容上判断对方的真实用意是十分困难的。但他的语速、语调及韵律等，却会十分真实地反映其内心的变化。人们往往在无意中，会经由这些因素，表现出所谓的言外之意。而我们也应该设法从这些因素来试图了解对方的心理。

1. 语速方面

语速快的人，大都能言善辩；语速慢的人，则较为木讷。语速为每个人固有的特征，依人的性格与气质而异。不过，在心理学中要注意的是，如何从与平时相异的言谈方式中了解对方心理。平日能言善辩的人有时候忽然结结巴巴地说不出话来；相反的，平时木讷讲话不得要领的人，却突然滔滔不绝地高谈阔论，遇到这种情况，我们就应该留意了，必定发生了什么问题，应仔细观察，谨慎行事。

语速快的人多性格外向，比较有活力，朝气蓬勃，总给人一种很阳光的感觉。但是，语速太快的人，则会给人一种非常紧张、迫切的感觉，同时也会让人觉得焦躁、混乱及不安。

语速缓慢的人，会给人一种诚实、中肯、深思熟虑的感觉，但也会显得犹豫不决、漫不经心，甚至是悲观消极。

大体而言，当语速比平常缓慢时，是表示不满对方或对对方怀有敌意；相反的，当语速比平常快时，则表示自己有短处或缺点，心里愧疚，言谈内容有虚假。

从心理学的角度看，当一个人的内心深处有不安或恐惧情绪时，语速便会变快。凭借快速讲述不必要的多余事情，试图掩饰隐藏于内心深处的不安与恐惧。但是，由于没有充分的时间让他冷静反省自己，因此，所谈内容空洞，很容易被人窥知其心理的不安状态。

2. 说话音调方面

通过对说话音调的观察，一样可以了解对方的心理。

肖邦曾在一家杂志专栏中叙述道：“当一个人想反驳对方

意见时，最简单的方法就是拉高嗓门——提高音调。”的确如此，人总是希望借着提高音调来壮大声势，并试图压倒对方。

说话音调高是任性的表现形态之一。一般而言，年龄越高，音调会随之相对地降低。而且，随着一个人心理的逐渐成熟，便具备了抑制“任性”情绪的能力。但是，有些成人音调确实是相当高的，这种人的心理便是倒回幼儿期阶段了，因此，自己无法抑制任性的表现。在此情况下，也绝对无法接受别人的意见。

3. 说话韵律方面

这也是了解对方心理的重要因素。充满自信的人，谈话的韵律为肯定语气；缺乏自信的人或性格软弱的人，讲话的韵律则慢吞吞。其中，也有的人会在讲一半话之后悄悄地说：“不要告诉别人……”此种情况多半是秘密谈论他人闲话或缺点，但是内心却又希望传遍天下的心态。

成功的政治家和企业家，在控制言谈的韵律方面都有独到之处。这种细节性的处理方式，使他们赢得了社会或下属的认可与尊重。

非言语观察：表情、服饰、眼睛、身体语言

非言语观察是理解他人的一条重要途径。人们在对他人形成印象或对他人行为进行理解时，都或多或少地依赖于对

其非言语行为的判断。在对他人的情绪和态度的认知方面，非言语行为有着无可比拟的重要性。社会心理学的研究表明：“几乎一切非言语的声音和动作，都可以用作理解他人的手段。”非言语观察主要包括从表情、服饰、眼睛和身体动作等几方面进行观察。

表情——情绪的指南针

在人类的心理活动中，表情最能反映情绪的变化。

我们都知道表情是内心活动的写照。透过表象窥探心灵的律动，把握情绪变化的尺度，了解感情互动的根源，表情就是传递这种信息的显示器。

1973 年，美国心理学家拜亚曾经做过这样一项实验：他让一些人表现愤怒、恐怖、诱惑、无动于衷、幸福、悲伤等 6 种表情，再将录制后的录像带放映给许多人看，请观众猜测何种表情代表何种感情。其结果是，观看录像带的这些人，对此 6 种表情，猜对的平均不到 2 种。表演者即使有意摆出愤怒的表情，也会被观众以为是悲伤的感情。

从这个事例上看，虽然表情相对于语言更能传递一个人的内心动向，对揭示性格有很大的帮助，但要具备在瞬间勘破人心的能力，看似简单，实属不易。人类在长期生活实践中，学会了掩饰内心真实情感的手段，这种手法在现代商业谈判中屡见不鲜。洽谈业务的双方，一方明明在很高兴地倾听对方的陈述，且不时点头示意，似乎很想与对方交易，对方也因此对这笔生意充满信心，没想到对方最后却表示：“我明白了，谢谢你，让我考虑一下再说吧。”这无疑给陈述方当头浇了一盆凉水。

所以，人们在通常情况下，没有对人们内心活动的足够研究，是不太容易探视出对方真实想法的。

要想根据表情把握一个人的情绪变化，有以下几点需要注意：

1. 表情具有复杂性

表情会因很多因素的不同而有差异，比如，性别、年龄、文化，等等。但是，一般来说，单一的表情还是容易判断的，最难以判断的是有几种表情同时出现在一张脸上。另外，一些外部因素也会给判断情绪带来困难。

使判断复杂化的因素包括：先前是否见过要判断的脸，综合背景环境线索，判断者的情绪状态，被判断者的面部特征，观察面部的具体方法。

表情是情绪的晴雨表。通过表情，我们可以观察到与我们交谈的人的言语之外的反应。眉飞色舞、笑逐颜开，标志着谈话气氛非常融洽；怒目而视、左顾右盼，则说明谈话并不投机。

当然，一些细微的表情变化，也可以提示我们对方是否对话题感兴趣，是否愿意继续下去。比如，眼神的朝向可以提示对方是在倾听、思考还是漠不关心；嘴唇紧闭提示对方要下决心；青筋暴露说明对方马上就要发怒，该采取应急的措施了。

2. 从表情可以推断人物性格

不同性格的人，在同一情绪下的表情可能不同：遇到高兴的事情时，开朗的人可能开怀大笑，腼腆的人则可能仅仅抿嘴笑笑，而抑郁的人可能只露出一丝苦笑。常常面带笑容、面部肌肉自然放松的人，他的心态一般比较稳定、平静；而常常愁眉苦脸、面部肌肉紧张的人，他的心态往往不太稳定，可能心胸狭窄、脾气暴躁。

由于面部表情由面部肌肉的活动形成，肌肉活动会在脸上形成各种表征，比如皱纹。久而久之，这些表征就会刻记下来，成为永久的表情，这些永久的表情会向外界透露出本人性格方面的某些特征。

3. 表情可以帮助人们在交谈时去伪存真

由于各种各样的原因，人们在进行言语交谈时并不一定完全说出自己的真实想法。这样一来，交流的有效性就会大打折扣。这时候，表情可以帮助交际的双方正确理解各自的真实意图。因为多数表情是生理性的，不受意志支配，当一个人想隐瞒真相时，就会使有声语言偏离真实的意图。但是，这时候表情就可能背叛他，把被有声语言掩盖的事实揭露出来。比如，当雇员对老板不满时，虽然嘴里说着得体的话，脸上却会露出不满的表情。

除了有声语言会掩盖真情之外，人们还会使用表情来掩盖真实的感受或意图。比如，有的人在谈论自称是让他快乐的事情时，脸上露着欣慰的笑。但是，如果他的感受是假的，很可能会有一种别的表情飞快地略过脸上，或者仅仅在眼睛里一闪而过。这种短暂的表情称为瞬间表情，它是被蓄意隐藏了的，但是，它会随时跳出来揭穿表演者的伪装。

服饰语传递信息

服饰语是指在交际场合通过服装和饰品所传递的信息。服饰能显示一个人的职业、爱好、社会地位、气质、文化修养、信仰观念、生活习惯及民族地域的风俗，等等。服饰作为一种信号比身体本身的信号更加引人注意。

随着社会的进步与发展，现在从衣着打扮上判断一个人的难度在无形之中增大了，因为现在的人们提倡张扬个性，不再拘泥于这样或那样的形式，所以不能按照传统的一套进行观察和判断。

一般来说，如果掌握了一些原则，我们还是可以根据服饰语传递的信息来了解他人的性格特征的，这些原则如下：

（1）喜欢穿简单朴素衣服的人，性格比较沉着、稳重，为人较真诚。这种人在工作、学习和生活当中，做任何事情都比较踏实，勤奋好学，而且还能够做到客观和理智。这种人的缺点是缺乏主体意识，软弱且易屈服于别人。

（2）喜欢穿单一色调衣服的人，多是比较正直、刚强的，理性思维要优于感性思维。

（3）喜欢穿浅色衣服的人，多比较活泼、健谈，且喜欢结交朋友。

（4）喜欢穿深色衣服的人，性格比较稳重，显得城府很深，不太爱多说话，凡事深谋远虑，常会有一些意外之举，让人捉摸不定。

（5）喜欢穿式样繁杂、颜色鲜艳衣服的人，多是虚荣心比较强，爱表现而又乐于炫耀的人，他们任性，甚至还有些飞扬跋扈。

（6）喜欢穿华丽的衣服的人，有很强的虚荣心和自我表现欲、金钱欲。

（7）喜欢穿流行时装的人，最大的特点就是没有自己的主见，不知道自己有什么样的审美观，他们多情绪不稳定，且无法安分守己。

（8）喜欢根据自己的嗜好选择服装而不跟着流行走的人，多是独立性比较强，有果断决策力的人。

（9）喜欢穿同一款式衣服的人，性格大多比较直率和爽朗，他们有很强的自信，爱憎、是非、对错往往都分得很明确。他们的优点是做事果断，显得非常干脆利落。但他们也有缺点，那就是清高自傲，自我意识比较强，常常自以为是。

（10）喜欢穿宽松衣服，不要求剪裁合身、款式入时的人，多是内向型的。他们常常封闭自己，而融不到其他人的生活圈子里。他们有时候很孤独，也想和别人交往，但在与人交往中，又总会表现出不知所措，所以到最后还是以失败告终。他们多是没有朋友，可一旦有，就会是非常要好的。他们的性格中害羞、胆怯的成分比较多，不容易接近别人，也不易被人接近。他们对团体活动一般来说是没有兴趣的。

以上就是根据服饰语判断他人性格特征的一些原则，当然这些原则也不是万能的。要想在初次见面时就根据一个人的穿着打扮判断出他的性格，还需要我们在实践中多积累经验，做个有心人。

眼睛是心灵的窗户

更多的时候，人的眼睛比嘴巴更会说话。从一个人的眼睛中，可以大概读懂一个人。一个人无论心里想什么，他的眼睛都会立刻忠实地告诉你。即使难以用言语表达的，眼睛也会原原本本地表现出来。所以，仔细观察眼睛，是了解一个人心理动向的捷径。通过眼睛，我们可以理解一个人的性情及真实想法。

1. 看目光识人心

心理学家认为，一个人的眼睛不能掩盖心里的邪恶念头：心胸纯正，目光就清澈、明亮；心胸不正，目光就昏暗、有邪光。可见，从一个人的眼睛可以清清楚楚地分辨一个人的品性高低，心术正邪。具体来说，看目光识人心包括下列内容：

（1）眼睛闪闪发光，表明对方精神焕发，是个有精力的人，对一切事物很感兴趣。

（2）目光飘忽不定，表示他是个三心二意，或拿不定主意，抑或紧张不安的人。

（3）目光炯然，表明他是个有胆识的正直之人。

（4）目光呆滞黯淡，说明他是个没有斗志的人。

（5）目光忽明忽暗，说明他是个工于心计的人。

（6）主动与人进行目光交换的人，说明他的心胸坦荡。

（7）不敢正视或回避别人的目光，表明此人是个内心紧张不安或言不由衷，有所隐藏的人。

2. 观视线识心理

一个人内心深处的欲望和感情，最主要是从视线透露出来的。一个人通过别人看自己的视线可以体会出此人对自己的看法和态度。

（1）视线的方向是观察的要点。讲话时对方是否看着我们，能表明他对我们有无好感或兴趣。一般来说，当我们与别人谈话时，对方不看我们，或是环顾左右，或是目光淡漠，无热情的信息传达，表明他对我们的谈话内容不感兴趣，或是心不在焉，在想别的事情。我们的话他没听进去，也说明此人对我们不感兴趣或无亲近感。

（2）视线朝下者胆小怯懦。当我们看着对方的眼睛时，对方把视线悄悄地往下移，是因为他意识到，我们在年龄和社会地位上都是他的长辈和上司，或者意识到我们是他的强大对手，与我们谈话时会带有一种紧张感。

（3）视线左右游移则表示拒绝。如果对方视线是左右游移，表示他有拒绝之意，而且无意中表现出对我们并无好感的信息。

（4）视线直视是敌对的表现。如果对方一动不动地直视着我们，则说明他受到某种强烈打击，或怀有强烈敌对心理。

（5）视线飘移不定表示内心不安。常见于情绪低落的时候，表示失去安全感，或者在思考某些事。

（6）视线向上是自信的表现。说话时视线稍稍向上的人，大多对自己的地位能力有极大的自信，性格也比较外向。公司里的重要人物和管理人员有这种眼神的较多。

3. 看眼神察心迹

（1）“名门正派君子”的眼神：目光平行正视，眼神不浮不露，且不做作。

（2）“足智多谋者”的眼神：目光下视，城府很深。对于这类人谈话内容的虚实，必须加以辨别。讲话时眼神不定，最好防备他会有一些惊人的突发之举。如果公司内部需要诚实、可靠、忠实度高的人，尽量不要选择这种人。

（3）“东躲西藏”的眼神：讲话时经常逃避对方目光，这类人说话的真实性要打个折扣。

（4）“聪明人”的眼神：眼珠黑白分明，眼神富灵气而活泼，这类人各方面的反应相当敏锐，吸收及学习能力强。

（5）遥视远处的人：他不关心你的话题，正在算计其他事。或是因时间关系，想离开此地。总之想尽快结束这一话题。

身体语言识人

在交往中，身体语言也能泄露对方的内心信息。

1. 手部动作

一位心理学家曾指出，通过别人手部的活动，也能观察出他内心的真实想法。

比如谈生意时，在我们说明了来意和观点后，如果对方不置可否，不知道是拒绝还是应允，这个时候就要注意他手部的细小动作。

表示肯定的手部动作：手部放松，手掌张开；将手摊放在桌子上，清除桌子上的障碍物；抚摸下巴。

而如果他的内心是持否定态度的，那么，虽然表面上他似乎也会装出感兴趣的神色，但是，手部动作仍会泄露其秘密。这些否定动作有：打开抽屉又关上，好像在找东西；在身体前面紧握双拳；两手放在大腿上，张开手时，拇指相向；两手交叉按在头部后面或手指按在额头正中央；两手撑住下巴，用手指连续敲桌子；手向着你，屈指数数；不断地把玩桌上的东西，或将它重新放置。

除以上这些动作之外，还有一些动作能透露其真实的内心信息，如：当一个人用手摸后颈时，往往是出现了恼恨或懊悔等负性情绪。

2. 足部动作

除了手部动作以外，足部动作也能透露一个人的内心信息。

当一个人两只脚踝相互交叠，那么，他可能是在克制自己。人在紧张、焦虑的时候，往往会这样。

当一个人架起双腿，说明他在对方面前有优势；相反，如果并拢双腿，说明他在对方面前处于劣势。在人多的场合，谁架着双腿，可能谁就是头。

3. 走路姿势

走路的姿势和幅度也会折射一个人内心。当一个人两手插在口袋中、拖着脚步、很少抬头注意自己往何处走的时候，他可能正是心情沮丧的时候。而抱着双臂、迈着八字步缓慢行走的时候，则说明他正处在一种悠闲的状态中。

身体语言在特定场合下是有专门含义的，某种姿态是能够表达某种特定的内心感受的。例如：来回搓手，表示不安、拘束和窘困；摊开双手，表示无可奈何，或真诚与公开；双手叉腰，表示挑衅；双手交叉胸前，表示防卫；笔直僵硬地坐着，表示紧张；坐在椅子边缘上，表示恭维；坐在椅子上交叉双腿，另一只脚不住地轻轻踢荡，表示漫不经心或厌倦；咬嘴唇或抽烟表示争取时间思考或暂时不愿讲话，等等。

在人际交往过程中我们还要注意以下一些忌讳姿势：站起来自我介绍时，摇头晃脑，全身乱动；斜靠椅背打哈欠、伸懒腰；跷着二郎腿，并将跷起的脚尖冲着他人；用手指敲叩桌面，不管他人的感受；踮起脚尖，抖动小腿；当众用手挖耳孔、鼻孔、剪指甲、照镜子、梳头、搽口红；将两手搂在头后，在沙发上仰躺；讲话时，嘴中吃着东西，或边讲边抽烟；双臂交叉，乜斜着眼睛看人；与人交谈时，反复看时间。

这些身体动作被视为不友好的表现，如果我们不加以注意，就可能使我们同他人的交往以失败告终。

抓住非言语线索，识别他人的谎言

在生活中，我们经常能体验到谎言的存在。说谎的原因也有多种，有的人是出于习惯，有的人则是迫不得已。这一事实提出了一个重要问题：我们如何知道别人在撒谎？答案的一部分与非言语线索有关。当人们撒谎时，他们的面部表情、身体姿势和动作，以及说话的某些非言语方面等都有微妙的变化。让我们看看我们所能具有的识破别人谎言的能力吧！

识别谎言的 5 种非言语线索

第一种，瞬间闪现的面部表情。有心理学家指出，识别他人谎言的一个有效线索是瞬间闪现的面部表情。这种反应在一个人的情绪被真实唤起之后快速出现而且很难抑制。因此，它们能揭示人的真实感受和情绪。比如，当我们问一个人是否喜欢某样东西，在他反应时密切地关注他的脸。如果我们看到一个表情（比如皱眉）之后紧跟着另一个表情（比如微笑），这就是他撒谎的信号——他正在表达一种观点或反应，而实际上他的真实观点是另外一个。

第二种，非言语线索是各通道之间表达的不一致，即在不同的基本通道之间的非言语线索不一致的情况，产生这种现象是因为说谎的人很难同时控制所有的通道。比如，他说谎时可能控制好了面部表情，但却不能同时控制好他的肢体。

第三种，非言语线索涉及说话的非言语方面。当人们说谎时，说话的音调经常升高，并且更加犹豫，还会有很多错误。如果我们在别人说话时看到了这些变化，说明他在撒谎。

第四种，谎言经常被目光接触的某些特征所揭示。撒谎的人会比说实话的人更频繁地眨眼，瞳孔也会更大。他们与人目光接触水平较低或较高，因为，他们企图通过直视别人的眼睛获得诚实的假象。

第五种，撒谎的人有时会表现出夸张的面部表情。他们可能比平时笑得更多，或表现出过分的悲伤。一个基本的例子是，某些人对我们提的要求说“不”之后，表现过分的歉意。这正是预示着他们说“不”的理由可能是假的。

我们平时只要留心观察，并注意积累经验，就可以判断出别人是否在说谎，或者只是企图对我们隐藏他们的真实感受。识别谎言的成功不是绝对的，有些人是熟练的说谎者，但是如果我们仔细注意以上所说的线索，他们的蒙蔽将变得更加困难。

认知因素影响我们识别谎言的效果

以上的论述似乎表明，我们对谎言的侦察越努力，结果就越成功。然而令人惊奇的是，事实并不总是如此。原因是：

当别人企图欺骗我们的时候，我们只能仔细关注他们的话语或者只能关注他们的非言语线索——因为我们的认知能力有限，很难同时关注两者。而且，我们识别谎言的动机越强，越有可能仔细关注他们的话语——仔细地听他们在说些什么。但实际上，揭示谎言的线索大都是非言语的。所以，自相矛盾的是，识别谎言的动机越强，效果越差。

心理学家曾做过这样的实验：他们让大学生就各种话题（比如，死刑、移民限制的问题）发表真实看法或者撒谎——表达相反的观点，把这些陈述录像。然后，放给实验中的另一部分被试者看，要求他们判断录像中的人是否在撒谎。为了操纵判断者识别谎言的动机，一半（高卷入组）被告知过后要接受有关录像信息的提问，并且被告知问题回答的情况将代表他们智力和社会技能的水平；另一半（低卷入组）被告知过后要回答的问题与录像内容无关，并且不告诉他们回答问题的成功是对智力和社会技能的测量。

结果低卷入组的判断者比高卷入组的判断者更准确。心理学家认为产生这一结果是因为高卷入组的被试者集中注意于录像中人物的谈话内容，而低卷入组的被试者更多地注意到了非言语线索。

无论其确切的机制如何，这个实验以及相关的研究表明，像许多其他工作一样，识别谎言时，过分的关注有时反而收到相反的效果。

可能有的人会提出这样的疑问：谎言能被不同文化的人识破吗？美国心理学家邦德的研究表明，我们确实能发现来自不同文化的人在撒谎。在他的研究中，邦德让具有不同文化（美国、约旦、印度）的人观看与自己具有相同和不同文化的人的录像，这些人有的在说谎，有的人说的是实话。被试者识破同一文化的人的谎言比不同文化的人的谎言更准确。但是，对于不同文化的人的谎言，被识破的准确性也高于随机的猜测。这样的结果表明，相对于口头语言，非言语线索的语言不需要翻译。

归因理论：理解他人行为的基本心理学理论

归因是指人们对自己或他人行为的原因进行推测、判断或解释的过程。在人际交往中，个体根据对他人行为中表现出的外部特征的观察，推测其内在心理状态的过程，就是归因的过程。归因是否正确，直接影响着对行为意义的估计与态度，以及对行为成败的预见与控制。如一个熟悉的人突然向你大献殷勤，你会感到奇怪，猜测他的动机；一个陌生人敲开你的家门，你会感到吃惊，猜测他的意图。通过归因可以主观地找到对他人行为的合理解释。

归因是一种心理过程，同时也是人的一种普遍的需要。通过归因，人们可以判断与自己相处的其他人与自己的利害关系、判断自己的某种行为可能带来的奖惩后果，以提高自己对事件的预见性和控制力，提高自己的人际交往能力。

要想很好地利用归因理论为自己服务，首先必须了解一些有关归因理论的基本原则。从社会心理学家的理论和研究中，我们可以总结出以下几点有关归因的基本原则：

扩大原则

根据这种原则，一个人行为的结果愈是不利于他自己，或其行为表现违反了社会认可的规范，愈容易对行为者的行为做内因的归属。

比如，尊敬长辈是社会认可的规范，一个年轻人对长辈很有礼貌，见面打招呼，做长辈的可能不会因此而认为这个年轻人内心就真正尊敬他。若长辈染病住院，年轻人仍不辞辛苦，送饭、送药，长途跋涉去看望，像这种要花费个人时间和精力的行为，常可归为内因，即这人确是尊重和关心长辈。

在某个社会情境里表现出与大多数人都一样的行为称为合角色行为，这是社会认可的行为。当一个人表现出合角色行为时，通常是外在因素的影响。违反社会规范和角色期望的行为称为不合角色行为。不合角色行为常会遭到社会的排斥和责难，是明知其不可为而为之。这种行为能够提供较多关于个人意愿及个人本质的情况，因而可作内在归因。比如，一个人贪赃枉法，损公肥私，就是不合角色行为，我们通常会认为是他利欲熏心、自私自利的结果（内在归因）。

折扣原则

凯利曾经表达过这样的观点：某一特定原因在产生特殊结果的作用时，假如有其他可能的原因也存在的话，这种作用常会被打折扣。也就是说，在有一种以上的可能原因存在的情况下，我们将行为归为某一特殊的原因时常不能太确信。

例如，一位下级对上级非常尊重，处处表现得周到妥帖，我们可以将他的行为归因于他真的爱戴他的上级。更可能的是，我们会将这项原因打折扣，并把这些行为部分地归之于下级对上级的奉迎，意在为自己谋利。当然，若这位上级不再在其位而下级还能一如既往地对待他，则“自私”不再是一个可能的原因，没必要因此而对“爱戴”这一原因打折扣。

社会心理学家做过这样的实验：让各一半的被试分别说服两个人献血给红十字会。这两个人实际上是由一个人扮演的，他在两组被试面前扮演两个不同的角色：一个是教授，一个是学生。此“两人”都答应献血了。但被试者认为那个学生答应献血是被他们说服的缘故（外归因），而那位教授却是主动献血的（内归因）。

这表明，低地位使内在归因的判断打了折扣，高地位则使外在归因的判断打了折扣。

非共同效果原则

假如我们知道一个人可以经几种不同途径追求个人的目标，而且知道他选择了其中一条途径，我们可以比较被他选上与没被他选上二者可能产生的后果，从而推断他如此行为或做此决定的原因。当然，两者的共同效果不会是行为的原因，而二者不共有的效果才是行为的原因。

例如，某人毕业分配时有两家单位要他，他选择了A单位而放弃了B单位，为什么？可以从A、B的共同点和非共同点找到解释。两家单位在同一地方，效益都不错，两处都没有熟人，这些不会是他选A弃B的原因。再看看二者的不同：一家是科研单位，一家是生产企业，那么这可能是他选A弃B的原因了。

利害关系原则

当行为者的行为影响了观察者本身，这行为就与观察者有了利害关系，便会影响观察者对该行为的归因。心理学家的研究表明：当行为有害于或有利于观察者时，比不产生任何利害结果时，观察者更倾向于对行为作内在归因。

琼斯等人曾做过这样的实验：在真被试中安排一个假被试，这个假被试是小组中唯一的失败者。在一种情况下，假被试的失败导致全小组的人都得不到奖金；在另一种情况下，其失败只使自己得不到奖金而不影响其他人的所得。尽管假被试在两种情况下的工作成绩完全相同，但在第一种情况下，被试者给予假被试者以较多不好的评价，如认为他不可靠、能力差等。

生活中这种归因也很常见，一个人走路时踩了另一个人的脚，两人因此吵了起来，你可能过去劝阻：天黑，路窄，在所难免，小事一桩（外归因）；若那人踩的是你的脚，你可能会说上一声“怎么搞的”“这么鲁莽”（内归因）。

共变原则

有人认为上述四条原则都是单线索归因原则（指在一次观察的情况下，人们进行行为归因的依据），而把共变原则看成是多线索归因原则（即在多次观察情况下的归因原则）。共变原则在凯利的归因理论中有比较清晰的阐述。凯利将行为线索分为三个方面：区别性、一致性、一贯性，再通过三类信息的不同排列组合推测行为的原因。

他所说的区别性是指行为者的行为是否因对象而异，若因对象而异，则区别性高，反之则低；一致性是指行为者的行为与他人相比是否特殊、是否与众不同，相同则一致性高，不同则一致性低；一贯性是指行为者的行为是否因时因地而异，若不随时、随地而异（总是如此或始终如此），则一贯性高，反之则低。

根据凯利的观点，导致行为的原因只可能是出于三个方面，因此与行为原因相联系的三种信息的组合也只可能是三种，其他形式的组合是没有意义的，不能说明行为的真实原因。这三种组合是：①一致性低，一贯性高，区别性低。即与众不同，总是如此，不因人而异，此时行为的原因在行为者本身。②一致性高，一贯性高，区别性高。即与众相同，总是如此，因人而异，此时行为的原因在行为者所指对象的身上。③一致性低，一贯性低，区别性高。即与众不同，偶尔如此，因人而异，此时行为的原因在行为发生时的环境上。

但是由于归因理论和归因原则都是对行为与原因的关系进行理性推断的结果，而归因过程是受多种因素影响的复杂过程，因此在实践中对人的行为进行归因时难免会导致归因偏差。归因偏差可以表现为归因者对不同行为者的行为归因的不一致，也可以表现为不同归因者对同一行为者的行为归因的不一致。它包括以下几个方面：

1. 认知性偏见导致的归因偏差

指由于认知方式上的偏见导致的归因偏差，常见于对性别、种族的偏见和心理倾向的不同所造成的归因偏差。如将男性完成某项任务归因于能力强，将女性完成这项任务归因于运气好；对合乎角色行为的行为易做出符合扩大律的归因，对不合乎角色行为的行为则做出符合折扣律的归因；对高成就者易做出意向性归因，对低成就者易做出情景性归因。

2. 动机性偏见导致的归因偏差

指由于自我保护的需要而导致的归因偏差，又称为防御性归因偏差。防御性归因是建立在维护自尊心的基础之上的，把成功归因于自己的能力和努力等内在因素，有助于增强人们的自信心，从而在心理上得到满足感；把失败归因于条件差、难度大等外在因素有助于保护人们的自尊心，从而在心理上减少挫折感。由此可见，防御性归因很容易因自尊心的需要而产生偏差。

3. 行为理解差异导致的归因偏差

指交往主体和交往客体间对交往主体的行为理解上的差异所造成的归因偏差。由于交往主体词不达意和行为不准确，或交往客体理解上的偏差，会导致交往主客体之间对交往主体行为目的的理解差异，进而造成交往客体对交往主体行为目的的归因偏差。如一个年轻女性路遇一个年轻男性时礼貌性地朝他报以微笑，而对方将这一反应性行为误认为是目的性行为，就会错误地认为女青年对其有好感。

4. 归因主体不同导致的归因偏差

在人际交往中，交往双方在对自己的或对方的行为进行归因时，由于归因主体的不同容易出现不同程度的偏差。表现为行为者自己归因往往突出环境作用，倾向于情境归因，而观察者对其归因往往强调行为者的素质作用，倾向于意向归因。究其原因，可能与双方视角的差异有关，行为者强调其行为是环境约束下的适应行为，故倾向于从外部找原因；观察者则把行为者作为注意的焦点，较少关注行为者所处的环境，故倾向于从内部找原因。如某青年因打群架被拘留，当向其问及为何这样做时，他强调朋友找他帮忙，他不得不去，而别人却认为他心理素质不稳定，意气用事。

因此，要想利用归因理论理解他人行为，就应该尽量避免归因偏差的影响。

第一印象的重要性

一个新闻系的毕业生正急于寻找工作。一天，他到某报社对总编说："你们需要一个编辑吗？"

"不需要！"

"那么记者呢？"

"不需要！"

"那么排字工人、校对呢？"

"不，我们现在什么空缺也没有了。"

"那么，你们一定需要这个东西。"说着他从公文包中拿出一块精致的小牌子，上面写着"额满，暂不雇用"。总编看了看牌子，微笑着点了点头，说："如果你愿意，可以到我们广告部工作。"

这个大学生通过自己制作的牌子，表现了自己的机智和乐观，给总编留下了良好的"第一印象"，引起对方极大的兴趣，从而为自己赢得了一份满意的工作。

当我们进入一个新环境，参加面试，或与某人第一次打交道的时候，常常会听到这样的忠告："要注意你给别人的第一印象！"

第一印象，又称为初次印象，指两个素不相识的陌生人第一次见面时所获得的印象。那么，第一印象真的有那么重要，以致在今后很长时间内都会影响别人对你的看法吗？

心理学上有一个规律，在和比较陌生的人交往时，他给我们的早期印象往往比较深刻。有这样一个心理学实验证明了这个规律。

心理学家设计了两段文字，描写一个叫吉姆的男孩一天的活动。其中一段将吉姆描写成一个活泼外向的人：他与朋友一起上学，与熟人聊天，与刚认识不久的女孩打招呼等；而另一段则将他描写成一个内向的人。研究者让有的人先阅读描写吉姆外向的文字，再阅读描写他内向的文字；而让另一些人先阅读描写吉姆内向的文字，后阅读描写他外向的文字，然后请所有的人都来评价吉姆的性格特征。

结果，先阅读外向文字的人中，有 78%的人评价吉姆热情外向；而先阅读内向文字的人，则只有 18%的人认为吉姆热情外向。

由此可见，第一印象真的很重要！人们对你形成的某种第一印象，通常难以改变。而且，人们还会寻找更多的理由去支持这种印象。有的时候，尽管你表现的特征并不符合原先留给别人的印象，人们在很长一段时间里仍然要坚持对你的最初评价。

第一印象通常包括谈吐、相貌、服饰、举止、神态，对于感知者来说都是新的信息，它对感官的刺激也比较强烈，有一种新鲜感，这就如同在一张白纸上，第一笔抹上的色彩总是十分清晰、深刻一样。随着后来接触的增加，各种基本相同的信息的刺激，也往往盖不住初次印象的鲜明性。所以第一印象的客观重要性还是显而易见的，并在以后交往中起了“心理定式”作用。如果给人的第一印象是呆板、虚伪、不热情的，对方就可能不愿意继续了解你，尽管你尚有许多优点，也不会被人接受；而如果给人留下的印象是风趣、直率、热情，尽管你身上尚有一些缺点，对方也会用自己最初捕捉的印象帮你掩饰短处。那么我们应该如何根据第一印象识人呢？

社会心理学家发现，人们对在公众场合总趋近衣着整洁、仪表大方的人，对衣着略优于自己的人会留下较好的第一印象。任何人在社交场合都不愿意同衣着邋遢的人坐在一起。约会时穿上一件入时的衣服，也会引起恋人格外的爱慕。衣冠不整，皮鞋带泥，领带歪斜，绝不会是一个出色的人才。另外，一个人有没有才气最容易从讲话中表现出来。有才气的人一张嘴，其准确的语义、严密的逻辑、丰富有趣的内容立即会吸引对方。相反，吐字模糊、夸夸其谈、内容平庸都对人产生不了吸引力。

我们既然了解了第一印象的重要性，那么应该怎样做才能给人留下良好的第一印象呢？以下 5 点我们必须牢记：

显露自信和朝气蓬勃的精神面貌

自信是人们对自己的才干、能力、个人修养、文化水平、健康状况、相貌等的一种自我认同和自我肯定。一个人要是走路时步伐坚定，与人交谈时谈吐得体，说话双目有神、目光正视对方、善于运用眼神交流，就会给人以自信、可靠、积极向上的感觉。

微笑待人，不卑不亢

第一次见面，热情地握手、微笑、点头问好，都是人们把友好的情意传给对方的途径。在社会生活中，微笑已成为典型的人性特征，有助于人们之间的交往和友谊。但与别人第一次见面，笑要有度，不停地笑有失庄重；言行举止也要注意交际的场合，过度的亲昵举动，难免有轻浮油滑之嫌；尤其是对有一定社会地位的朋友，不应表露巴结讨好的意思。趋炎附势的行为不仅会引起当事人的蔑视，连在场的其他人也会瞧不起你。

仪表举止得体

脱俗的仪表、高雅的举止、和蔼可亲的表情等是个人品格修养的重要部分。在一个新环境里，别人对你还不完全了解，过分随便有可能引起误解，产生不良的第一印象。当然，仪表得体并不是非要用名牌服饰包装自己，更不是过分地修饰，因为这样反而会给人一种轻浮浅薄的印象。

言行举止讲究文明礼貌

语言表达要简明扼要，不乱用词语；别人讲话时，要专心地听对方谈话，态度谦虚，不随便打断；在听的过程中，要善于通过身体语言和话语给对方以必要的反馈；不追问自己不必知道或别人不想回答的事情，以免给人留下恶劣印象。

讲信用，守时间

现代社会，人们对时间愈来愈重视，往往把不守时和不守信用联系在一起。若你第一次与人见面就迟到，会造成难以弥补的过失，最好避免。

第3章

性别差异在人际交往中的体现

测试：你受异性欢迎吗

1. 你旅行时，最想去哪个地方？

北京→ 2

东京→ 3

巴黎→ 4

2. 你是否曾在观看感人的电影时泣不成声？

是→ 4

否→ 3

3. 如果你的男（女）朋友约会时迟到一个小时还未出现，你会：

再等 30 分钟→ 4

立刻离开→ 5

一直等待他（她）的出现→ 6

4. 你喜欢自己一个人去看电影吗？

是→ 5

不→ 6

5. 当他（她）在第一次约会时就要求吻你，你会：

拒绝→ 6

轻吻他（她）的额头→ 7

接受并吻他（她）→ 8

6. 你是个有幽默感的人吗?

我想是吧→ 7

大概不是→ 8

7. 你认为你是个称职的领导者吗?

是→ 9

不→ 10

8. 如果可以选择的话，你希望自己的性别是?

男性→ 9

女性→ 10

无所谓→ D 类型

9. 你曾经同时拥有一个以上的男（女）朋友吗?

是→ B 类型

不→ A 类型

10. 你认为你聪明吗?

是→ B 类型

不→ C 类型

完全解析

A 类型：你对异性有很大的吸引力！在异性的眼中，你有一种魅力。你不只有美丽的外型，而且有幽默和大方的个性。你应该是一个很有气质的人而且深谙与人相处之道，你很懂得支配你的时间，所以你在异性之间很受欢迎。

B 类型：你很容易便可以吸引异性。但是你并不容易陷入爱情的陷阱。你的幽默感使人们愿意与你相处，他（她）

与你一起时非常快乐!

C 类型:你并不能特别吸引异性,但是你仍然有一些优点,使异性喜欢跟你在一起。你应该是一个很真诚的人,而且对事物有独特的眼光。在你的朋友眼中,你是一个很友善的人。

D 类型:你并不吸引异性。你并没有十分渊博的知识,也没有什么特别的人格特质。对异性来说,你显得过于平庸,所以你并不受异性的欢迎。

性别差异是真实存在的,无论现代社会中这方面得到了多少改善,它都没能彻底消除,也不可能彻底消除,我们只有对它有正确的认识,才能在人际交往中避免错误的想法与行为。这一点很重要,因为毕竟世界是由男性与女性共同构成的。

性别认同与性别刻板印象

性别认同

成年人尤其是父母,对于新生儿的性别都是十分敏感的。他们想知道,也会尽快去告诉别人,刚刚出生的是一个男孩还是女孩;他们很快会为新生的孩子取一个男孩的名字,或者是女孩的名字;会根据新生孩子的性别,来为他或她准备衣服，挑选玩具，布置房间，等等。例如，父母会为女孩准备色彩明丽鲜艳的衣服，为她买娃娃之类的玩具；而为男孩买汽车或变形金刚之类的玩具。因此，孩子一降生，就会由于其性别的不同，而受到父母或其周围亲人的不同对待。然而，作为新生的孩子，对于自己的性别却一无所知，他们要到两岁的时候，才会有一些对于自己性别的认识。但两岁的时候，也只是能够知道自己是一个男孩或女孩，仅此而已。根据皮亚杰的研究，年幼的儿童都是以自我为中心的，他们会根据自己的身体特征，以及自己的心理感受，来看待所有其他的人。根据后来凯利等人的研究，儿童到了 4 ~ 7 岁的时候，会获得一种相对稳定的性别认识。

关于儿童性别认同的过程及意义，在目前的社会心理学文献中，有着不同的理论和解释。

1. 精神分析的解释

精神分析的创立者弗洛伊德在 1933 年曾经提出，儿童对于性别的认同主要是由其对于自己同性父母的“自居作用”。所谓的自居作用，也即儿童通过想象，或通过模仿，将自己置身于其同性父母的地位，以他们而自居，模仿他们的行为，包括模仿父母的衣着打扮和言行举止等。在弗洛伊德看来，儿童的这种自居作用将会提供一种解决“恋母情结”或“恋父情结”的途径，在儿童的社会化过程中起着十分重要的作用。

2. 认知发展理论

认知发展理论是以皮亚杰的研究和其发生认识论为基础的，强调儿童性别认同中的认知因素和所起的作用，认为性别的认同主要来自儿童认知的发展。儿童在自己的成长过程中，逐渐认识到自己的性别特点和差异，从而进行自我归因，即主动把自己归于男性或女性。一旦当儿童将自己认同于男性或女性的时候，那么他或她也就接受了与其所选择的性别相一致的适当角色。因而，在特定的文化背景下，当儿童了解到作为男性或女性的意义的时候，会有意识地使自己的各种行为，努力合乎相应的性别特征，因而也就出现了所谓的性别类型。

3. 社会学习理论

社会学习理论是以行为主义心理学为理论基础，在班杜拉的研究与推动下形成的。对于儿童的性别认同，社会学习理论认为，行为的强化起着决定性的作用。儿童性别认同的获得，主要是通过社会、家庭和学校的影响而实现的。具体来说，儿童是通过观察他们父母的行为，并学习与模仿其相同性别父母的行为，也即做出与自己相同性别父母的相符行为，从而获得性别的认同。同时，当儿童做出性别相符行为的时候，也会受到父母的鼓励、支持和赞许；而当其表现出与其性别不相符的行为时，就会遭到拒绝、纠正或指责。比如，若是一个女孩表现温柔、安静，就会受到成人的赞许，别人会称她为“乖女孩”；但是她若经常像男孩子一样喜欢打打闹闹，爬树和打篮球等，那么别人就会称她为“野姑娘”或“假小子”。

以上三种理论，是目前社会心理学中关于儿童性别认同的较为经典的理论。它们从不同的层面以及不同的理论角度，对儿童的性别认同进行了研究，提供了他们对有关问题的解释。

性别角色刻板印象

从心理学角度看，性别角色是社会赋予某一性别应具备的一整套心理行为模式。刻板印象又称为“定性观念”，是人们对不同事物进行概括以后形成的相对固定的看法，它有助于人们在认识某一新事物时，获得一个背景信息框架。个体随着认知能力的成熟，会依从社会上多数人的看法或社会固有的价值，将人、事、物和观念按照其共同特点进行分类，这种分类认识的功能中，性别的类别和框架是人们认识人和社会行为的一个重要方面。当人们以性别为框架，赋予男女以不同的特征框架时，性别角色的刻板印象就产生了。

由传统文化和社会性别分工导致的性别差异的刻板印象有三个特点：

（1）它对社会人群进行极为简单化的性别分类。

（2）在同一文化或同一群体中，性别角色刻板印象具有相当的一致性。

（3）性别角色刻板印象常常是与客观事实不相符的，因此，又叫作“性别偏见”。

在个体的成长过程中，性别角色刻板印象是影响个体社会化的重要因素，个体通过学习，对自己的性别应有的角色产生认同，形成条件反射，同化着社会所赞许的性别行为准则和规范。旧的、传统的社会性别分工和文化所形成的性别角色刻板印象，不利于社会新生一代形成正确的和平等的性别观念与行为。在今天的社会生活中，许多关于性别的常识和观念都是性别角色刻板印象的产物，例如，女性缺乏理性和逻辑分析能力，温柔是女性的天性等。许多研究表明，关于女性的性别角色刻板印象的普遍性和牢固性，是影响女性成就动机和潜能发挥的因素之一。

性别角色行为

社会心理学家指出，一旦我们发展了一套与性别相关的独特的特性，我们的行为就会遵循这些特性，这就是我们通常所说的性别角色行为。它是指我们抱有独特的信念，做出独特的设想，并且依照独特的期望来行动的过程。

性别角色定位对行为的影响

我们所处的社会在某种程度上，仍是比较传统的，仍要求典型的性别行为，即男性应该是强大的、有支配力的，并敢于自我表达，而女性应该是有同情心的、敏感的，并且有很强的情绪表现。这种关于行为的刻板印象甚至延伸到了身体姿势——男性坐着的时候双腿叉开，两臂远离胸前；而女性采取大腿交叠的坐姿，两臂护着胸前。

但随着社会心理学的进步，大量的研究表明：双性化的性别类型比通常的男性或女性性别类型更可取。

比如，与性别定型的个体相比，双性化的男性和女性更受喜爱，更富创造力，更乐观，更具适应性，能更好地适应各种情境的需要，应付压力时更灵活，能更好地减少别人的压力，较少患上饮食紊乱的毛病，对自己的人际关系感到很满意，大部分都对自己的生活感到很满意。

有的研究还表明，在一些文化当中，男子气和双性化同样有优势。美国一位社会心理学家检验了卡塔尔和科威特的阿拉伯学生关于做职业决定的自我效能，发现那些性别角色是男子气或双性化的个人比那些有女性或无显著性别角色的个人的自我效能高。

在有些文化下，传统的男子气概似乎造成了人际关系方面的问题。比如，在青年男性中，拥有多个性伴侣，与女性对立，使性伴侣受孕等，是与有男子气联系在一起的。更令人惊奇的是这样一个事实：男子气（男性和女性）与死亡率有关——越有男子气，个体死亡的可能性越大（在任何年龄）。为什么呢？一种可能的解释是男子气是与冒险和其他削减平均寿命的不良行为联系在一起的。

同样，女性角色认同也有它自己的缺陷，那些女性特质很足的男性和女性的自尊心往往比男性化或双性化的个人的自尊心差。女性特质十足通常是与沮丧联系在一起的，特别是中年女性。这个原则似乎在很多文化中都通用。

除了以上所说的这种类型的男子气和女性特质之外，还有两种极端的性别角色认同，相应地，其性别角色行为也是相当具有危害性的。第一种是超男性化，它以认可一种与夸张化的传统男性角色相联系的态度模式和信念为特点。超男性化（或雄性的）的男性对女性表现出无情的性态度，认为暴力是象征男子气概的，同时享受着危险带来的兴奋。这类男人有性强迫行为，乐于性幻想。

对女性来说类似的极端情况是超女性化。超女性化的女性认为与男性的关系占据其生活的中心地位，她们认为可以运用魅力和性得到一个男人并拥有他，同时承认有时会表现出欲迎还拒。这类女人往往会运用她们的女性魅力来达到她们的目的，她们不会以此为耻，反而会乐此不疲。

性别角色行为在家庭和工作中的表现

尽管在过去的几十年里，社会上的女性角色有了显著的变化，但是传统的性别角色仍对在家庭中的男性和女性的互相作用施加着极大的影响。例如，即使男女双方都任职于要求高及薪酬优厚的工作，家务劳动通常仍是按照性别划分的。总之，不管他们的性别角色认同怎样，女性比男性做家务劳动的时间更多。

大学校园也是一个对性别角色行为形成影响极大的地方。主修了传统女性课程（比如护士或教育）的女性会比主修传统男性课程（比如数学或物理）的女性遭遇到更多的社会歧视。

当女性意识到某个教授是个男性至上主义者，他会因性别而差别对待时，她们就会表现得差一些。

根据美国调查局最近的一份调查报告表明，大部分美国女性都有工作。在“二战”期间大量的女性进入了工作场所。美国政府试图为雇主就这一前所未有的新现象准备一个手册，从手册中的一句话就可见在那个时候的男性世界中性别意味着什么意思：

记住……一个女工不是男性，在许多工作中她只是个替代品，就像用塑料代替了金属一样——她具有特殊的特征使她们有新的优势而有时更好使用。

然而，在工作场所中性别和性别角色仍具有相当的重要性。比如，职业有男性化和女性化之分，在适于男性的工作中，成功被认为是取决于男性特征的（精力旺盛的、有竞争性的、精于数学的）；在适于女性的工作中，成功被认为是与女性特征（漂亮的、易于合作的、有直觉的）相关的。那些需要男性特征才能成功的职业是高风险和高收入的。比如下面这个例子：

美国参议院以男性为主；2001 年的时候，有 13 位女性参议员和 87 位男性参议员。这些女性中的大部分都这样描述了自己的性格：温和、合作、谦恭、有礼貌。而其他参议员以及这些女性成员在相互描述时大都将这 13 位女性成员描述成极为男性化的，是极具党派性、粗暴、好斗、坚强、残忍、脾气不好、冷酷以及竞争的。

据研究表明，在工作中，性别影响了期望和动机。尽管在学校里男性和女性在智力测验上表现得一样出色并且女性在学业上还要更出色一些，但男性自己估计的IQ要比那些女性自己估计的要高；男性和女性都认为他们的父亲要比母亲聪明，祖父要比祖母聪明。男性会过高估计他们从事一项新任务时的表现，而女性则会低估她们所预期达到的表现。同样地，相对于女性来说，男性对职业上的成功有更高的期望，并更看重薪水。而且，在许多情境下，男性要比女性做得好，但当女性被提醒可以操作性别刻板印象时，她们就会以与刻板印象相反的方式行事。

不知为何，男性学会了比女性以更自我的方式评价自己，而且看起来这种自高自大得到了回报；女性则不大可能像男性那样对自己的成就大吹大擂。而这种差异的一个后果就是女性经常得不到与其工作相应的荣誉，即使她们的工作十分出色。

即使是在比较开明的学术界，当今的女性仍面临着许多的障碍。比如说，学生基于性别对老师的评价有所不同；学生们喜欢有魄力的、自信的、稳健的、坚定的男教授和活泼的、健谈的女教授。同男性相比，女性在薪金和晋升等方面都处于劣势。原因之一是女性更愿意相信她就应该拿这么低的薪水。就一个实验任务来说，女性（同男性相比）会提议自己少拿一点报酬。女性倾向于根据工作表现来估计报酬，而男性则根据自尊而不是自己的表现来要求报酬，这就暗示着女性不会要求高薪而男性却要求高薪。

性别心理差异

男女认知心理差异

据研究，8 ~ 9 岁的男孩在看图计算、走迷宫等空间知觉能力方面，无论速度还是精确性，开始比女孩表现出明显的优势。

感官方面，男女在触觉、嗅觉和痛觉的灵敏性方面不相上下，对声音的辨别、定位及颜色色调的知觉上女性优于男性，而男性视觉上则比女性灵敏。

记忆方面，女性机械记忆、短时记忆优于男性，而男性的理解记忆、长时记忆优于女性。

思维方面，男女发展总体平衡，但发展速度及水平随年龄阶段而不同：学龄前期，女孩思维发展略优于男孩，差异不显著；小学到初一阶段，差异逐渐明显；初二以后，男孩思维发展速度，迅速赶上并超过女孩，差异日渐明显——男性擅长抽象思维，女性擅长形象思维。

在男孩和女孩大脑发展的后一个阶段，逻辑中枢或认知中枢开始发展。在这个发展阶段，数亿个神经结涌向大脑认知或思维部分。我们可以从一般男性和女性的习惯中发现这一发展。

女性情绪不佳时，首先想谈她的感觉，然后在继续谈的过程中，认知能力开始作用，于是她就会考虑她在说什么、想什么并把这种感觉找出来。她从大脑感觉部分出发，到达交流部分，又到思维部分。这是她最自然的线路，因为她的技能就是以这一顺序发展的，渐渐地反复多次，她发展了同时感觉、谈论和思考的能力。

对男性来说，他处理感觉的过程是不同的，因为他的技能发展是另一种顺序。首先是他的感觉中枢启动，然后是他的行为中枢，然后是他的思维中枢。当情绪不佳时，他的第一个想法是对此做点什么，行为引导他更清楚地思考。渐渐地，他发展了同时感觉、行动和思考的技能。

由于男女在认知方面的心理不同，所以男性和女性的行为和沟通方式也不同。男性把进行交谈首先看作是为达到某一目标或解决某一问题而表达他们思想的又一种工具。女性进行交谈也出于同样的目的，但她们还把交谈当成联结她们的感受以及阐明她们思想的一种方式。交谈对女性来说具有相当重要的意义。

同样，行动对男性来说更加重要。行动犹如一台水泵激发男性大脑中的思维部分。女性同样也靠行动来解决问题，然而对男性来说行动意味着更多的内容。行动是男性保持头脑清晰以及表达感觉的最重要的方式。

男女情感心理差异

在情感心理上，男女差异非常明显，归纳如下：女性情感丰富，男性情感受到许多理念的抑制而相对较少；女性比男性容易动情；女性情感易变，男性相对稳定；男性情感多停留在表面，易冲动，女性则容易深入体验；男性情感粗犷，女性情感细腻；爱一个人的时候，男性往往热情如火，女性则多温柔体贴；男性感情刚劲，女性感情脆弱；男性对愤怒、惊恐感受强烈，女性则对悲伤、忧愁体会更深刻；女性容易比男性焦虑；女性的感情主观色彩较重，男性则较为理性、客观；某种情感在女性之间会迅速传播，在男性之间则非常迟缓；女性个人情感具有弥漫性，男性情感较集中；男性心胸较开阔，情绪问题少，女性心胸则较狭窄，情绪问题多；女性言行感情色彩重，男性言行感情色彩轻；女性比男性更容易表现出嫉妒、羞怯、惭愧等复合情感，却难以自拔与超脱。

在情感表达方式上，男女也有明显差异。女性的情感表达常表现出委婉、含蓄、含糊、暧昧等特点，尤其是女孩，偏好掩饰自己的真实情感。比如让她们对人或事给出一个“好”或“坏”的评价时，往往得不到其明确答复——遇到非常喜欢的，不说喜欢；对自己讨厌的，也不说讨厌。其实这样可以留给自己很大的选择余地。当被男性追求时，女性会表现的谨慎矜持，这样可以增加自己的神秘感和吸引力，让男性更大胆、热烈地追求自己并考验他的真心。其实，女性有时候自己摸不透自己，也不知道自己到底是什么样的人，常常没有明确的目的与目标，而凭感觉来生活。这是女性情感表达含蓄的另一个原因。而男性在情感表达上喜欢直截了当，不喜欢兜圈子，对人或事的“好”“坏”，他们不掩饰自己的真实情感，会做出明确的决断，好就是好，坏就是坏，不会含糊其词。

由于男女在情感心理上存在着明显的差异，所以他们在处理情感问题上也明显不同。

男性将他的感觉付诸行动后，就可以梳理这些感觉。体育运动之类的简单而有目的的活动可以使他更充分地激发大脑中的思维部分，并更有效地处理情感问题。美国著名的心理学博士约翰·格雷，在他的著作《火星人和金星人相伴到永远》中描写了这样一个故事：

我的一位男性挚友得到了他女儿患癌症的可怕的消息。在他打电话告诉我之前，我已从妻子那儿知道了这件事。电话中我们互致一般问候之后，他说，他有个坏消息，接着就不说话了。

“我已从邦妮那里听说了。”我说，为的是不让他再重复一遍那个坏消息。

又停了一会儿，他问我是否有时间去打网球；我说可以，于是我们约好几分钟后在附近一家网球场见面。

打球过程中，我和朋友交换场地或者走到网边捡球时，我们会说上几句话，然后接着打，再接着谈。对他来说，打网球这项他擅长并喜爱的活动为他提供了表达自己一切感受的机会。他以交谈的方式归纳他的想法，然后接受我的反应和理解。但是他联系感觉的最初方式是打网球。

他把注意力和精力集中在不让球出场上，因此就可以触及并表达他因无法治好女儿的癌症而产生的失败感。当他把球打出端线或边线时，他就会联想到因自己不是一个完美的父亲而感到痛苦，反思他可能犯过的错误；如果打了一个界内球，他就会联想到去做正确的事，做一个好爸爸。通过希望赢我而取胜，他会燃起战胜癌症挽救他女儿的热切的希望之火。

打完球后，我们坐在球场边的长凳上，一起探讨以不同方式支持他女儿经受住即将来临的严峻考验。在谈话中，他会不自觉地联想到，有时还会表达出他对将失去女儿的忧虑及对女儿的深深爱意。

幸运的是，这个故事有一个可喜的结局。我朋友的孩子治疗得很不错，现在已经好了。

可见男性可以通过体育运动来解决自己的情感问题，而女性则偏重于述说。有一位华裔中年女性讲述了这样一个故事：

我们的第二个孩子在六岁时得了一种奇怪的病，尽管多处求医仍不见好转，医生说这种病目前是无法治疗的。看见孩子小小的身体每天都插满了管子，作为父母的我们难过极了，决定带孩子回家度过他最后的时光。经过几位道德专家的评论，终于同意了我们的要求。

可是，回家后不久，孩子便去了。刚开始我们俩都非常难过，后来我通过不断地向朋友述说，渐渐的，难过程度减轻了。可我爱人却一直把这种情感压抑在心里，从不对别人提起。许多年过去了，我几乎已不再为这件事难过了，但是他一提起此事，仍伤心不已。

男女行为心理差异

在儿童行为中，男女行为心理的差异非常明显。一项研究以一种非常戏剧性的方式显示出这种不同。实验中，一位母亲被叫进一个房间，而她蹒跚学步的孩子早就待在那里了。房间中母亲和孩子隔着一道玻璃墙。实验人员指示她不做任何表情地走到玻璃墙前。实验结果清楚地表明男孩和女孩的反应是不同的。

如果是男孩，他会看到妈妈，并对妈妈没有抱他而不高兴，接着开始朝她爬去。到了玻璃墙那儿，他会试图推倒它或者爬过去。最后他妈妈从墙那边把他抱起来。

要是女孩，她会看到妈妈，而且也会像男孩那样，为妈妈没有抱她而不高兴，但她不会像男孩那样朝妈妈爬去并试图爬过玻璃墙。她用眼睛瞪着妈妈，然后大哭。男孩以行动表达感觉，而女孩则以言语表达感觉。

男女在行为心理上的差异，引发了他们在人际交往、生活习惯、不信任行为等方面的差异。

1. 交际差异

现如今，女性往往有较多的朋友，尤其是与同性朋友之间能长久保持较亲密的联系；男性则较少有长期亲密联系的朋友。他们除了握手之外，似乎不再需要任何进一步的接触。对此，心理学家认为，小女孩可以手拉手一起上学，受了委屈互相安慰，养成了亲密接触的习惯；小男孩从小就被教导要坚强、独立、自己的事情自己做。他们不敢像女孩那样做，否则可能会被别人说没出息。这种观念根深蒂固，以致影响其一生的交友态度。

2. 生活习惯差异

男女生活习惯不同，尤其是各有不同的坏习惯。调查显示，人们的首位不良生活习惯，男性是不爱吃水果，女性则是不爱运动。这些生活中的坏习惯是人类健康的大敌，但其养成非一朝一夕，改变起来不容易。

3. 不信任行为

女性疑心通常比男性重，尤其表现在对配偶的信任问题上，妻子经常怀疑和害怕丈夫有外遇。心理学家认为，这是因为在她们心目中男人天生“坏”，从不把自己作为丈夫与父亲当一回事，总想逃避家庭的责任，一想到把终生托付给“坏”男人时，她们就会不寒而栗、倍加防范。

男女受暗示时的心理差异

女性比男性更容易受暗示性行为的影响。

男性通常喜欢按照自己的意愿行事，行为目的性明确，独立性较强。男性不愿由别人的言行来左右自己的决断，对别人的意见、建议或暗示性行为不容易盲目接受。他们一般先理性地思考别人的意见或建议是否正确，然后再做取舍。正因为如此，男性有时候显得很固执、武断，易出现重大失误。

女性从众心理强，很容易被别人的言行“感染”，从而不加分析地接受别人的观点和行为，或者因别人的影响而轻易改变自己的决定。例如，女孩看见某个人在理发店做了一个漂亮的发型，就会纷纷跑到那里做个同样的发型；妈妈们看见别人的孩子穿上名牌衣服挺精神，自己也会买来装扮孩子；女孩都希望有个好身材，看见女舞蹈演员“修炼”的小身段那么婀娜，也会纷纷效仿，积极投身健美运动；女性还特别喜欢玩心理测试游戏，乐于接受种种暗示。这可能是因为女性对未来总有一种不安全感，缺乏男人那样的判断力，于是就求助于这种游戏。

第4章

偏见影响人际交往

测试：你能和朋友融洽相处吗

假定一个深秋落叶飘飘的情景，你独自漫步在一条无人的街道上，街道两边耸立着高大的树木，那些被秋风扫落的树叶布满你的脚下，你会觉得这是哪种树叶呢？

A. 梧桐的掌形叶　　B. 向日葵的卵形叶

C. 银杏的扇形叶　　D. 乌桕的菱形叶

E. 马尾松的针形叶

完全解析

选择A：你对自己有着深刻的认识，所以你可以很好地把握自己和他人。

选择B：你对自己有全面但不深刻的认识。

选择C：你是一个对他人严格却对自己很宽松的人。

选择D：你是一个对事模棱两可的人。

选择E：你说话做事很冲动，有时会让人感觉是个刺头。

偏见是一种畸形的人际交往观，它的形成不利于人际交往的正常进行。我们只有对它进行充分的认识，以及掌握应对的技巧，才能将它的消极作用控制在最小范围内。偏见的形成是一个长期的过程，因此要想彻底消除它，也就变得异常艰难，但只要我们有耐心，并掌握一定的方法还是可以做到的。

偏见的认知来源：刻板印象

一提起女性、同性恋等名词，你会有什么感想呢？对大多数人来说，遇到贴有这类标签的人的描述就足以唤起丰富的印象、记忆网络，甚至有可能预测贴有这种标签的人在假定情境中将如何行事。这种联系的存在表明，我们全都可受到偏见的影响。但是偏见源于何处呢？

一些社会心理学家认为，偏见的认知来源是刻板印象。

人们在认识事物时，往往根据其共同特征加以分类，这是人类思维发达的表现。但如果把这种分类固定化，就成了刻板化。刻板化是把同一个特征归属于团体的每一个人，而不管团体成员实际的差异。

例如：法国人浪漫，所有法国人都浪漫；黑人天生跑得快，我们就认为所有黑人都跑得快。刻板化并不一定是一种恶意的行为，它常常只是我们对世界看法的一种简化，而且我们每个人都或多或少有偏见。对待每个个体也用共性去完全替代。这样，就会导致偏见。但对象是人时，就会导致刻板印象，产生偏见。

在生活中，刻板偏见也很常见。比如，我们总是想当然地认为上海人是精明的、小气的、没出息的，上海的男人是唯唯诺诺的，上海的女人是假洋鬼子。可实际上呢？上海也有大方的男人，也有干出了大事业的男人，也有在老婆面前气高声壮的男人；而上海的女人中，也有很中国化的，不为外国新潮事物所动的。许多有作为的男人和传统的女人，都是可以作为鲜明的例证的。

又譬如，我们总认为北京人是好吃懒做的，只知道侃大山、吃大饼，没有志向，没有吃苦的精神。可实际上呢，北京也有聪明的人，也有不爱侃大山的人，也有不吃大饼的人，也有有志向的人，也有有吃苦精神的人。这也是用不着举例、任何人都可以自己找出证据的。这样的例子是举不胜举的。

凡是持有以上偏见的人，都是怀有刻板印象心理的人。

偏见的其他根源

偏见除了来源于认知，它还受环境的影响。偏见不是与生俱来的，它是人们在社会活动及交往中习得的，一般有以下三种形成途径：

社会群体间的利害冲突

冲突理论对偏见产生的原因做出了解释。这一理论认为偏见起源于各个社会群体间为了争夺稀有的、富有价值的资源而展开的直接竞争。社会上的资源是有限的，如好的工作、漂亮房子、高社会地位、好学校都是稀有资源。为了争夺这些有价值的资源，各社会群体之间展开各种竞争。他们在对自己所属群体产生认同时，还逐渐对其他群体产生了否定和贬低，把其他群体的人称为“敌人”。

有一些研究证明了群体间竞争是怎样导致偏见的产生的，其中一个著名的研究是由谢里夫及其同事进行的实验。实验动态地展示并证实了群体间持续的竞争造成了直接的冲突，甚至是暴力侵犯，并导致偏见的产生。

实验对象是来自不同地区的、中产阶级白人家庭的 11 岁男孩，让他们参加一个暑期夏令营活动。到营地后，随即把他们分为两组。第一个星期，分组进行一系列活动，如一起吃饭、游泳、玩垒球、一起做绳梯。结果，经过这一阶段的活动和交往，人群分别从原来的聚合状态转变成了群体。每个小组都发展起了自己不成文的规则、非正式的领导者，以及其他一些一个组织化群体所具有的特点。甚至两个群体分别自发地为自己的群体起了名字，一个叫“响尾蛇”，一个叫“雄鹰”，还有了队旗。实验第一阶段结束时，群体每个成员的角色已发生明显分化，并稳定下来。

第二个阶段的实验安排两个群体相遇，彼此之间开展一系列竞争性比赛，如：橄榄球、垒球项目，胜方将获得奖杯，其成员能获得奖品。这些奖品是孩子们非常喜欢的，因此，这个阶段充满激烈的竞争。竞争的结果是出现了明晰的“我们情感”，“我们”和“他们”的意识发生了明显分化，两个小组间关系变得紧张。起先还仅限于言语谩骂，后来愈演愈烈。例如雄鹰组放火烧毁了响尾蛇组的旗帜。第二天，响尾蛇组攻击了雄鹰组的小木屋，掀翻了床，撕毁了蚊帐，抢夺个人财物。这些行动一直持续着，直到研究者出面干预以防更严重的事件发生。同时，两组成员间互相充满敌意，对对方持否定评价。第二阶段实验结束时让孩子们在两个群体中择友，结果两个群体的成员选择本组成员作为朋友的比例，分别高达 93%。

幸运的是，事件有了一个好的结尾。在实验的最后阶段，谢里夫及其同事努力探索如何减轻或消除群体间的冲突。安排两个小组被试一起进行一系列共同活动，如一起用餐，一起看电影短片，做游戏，但并未有效减轻双方的敌意。有一次两个群体在吃饭时发生了直接冲突。后来，进一步安排和提供两个群体必须一起协同活动的机会，并且让大家意识到只有共同活动才能得到利益，如一起修野营基地的蓄水池（实验者故意弄坏的），否则大家都会缺水；一起将陷入泥浆的卡车拖出泥潭等一系列共同活动。结果，两个群体的敌对情绪明显减缓。野营生活结束时，再次进行择友测验，结果两个群体的成员选择对方成员作为朋友的比例达到 1/3 左右。

社会学习

偏见第二种根源是社会学习，偏见是一种特殊的态度，与态度一样是通过社会化过程而形成的。

（1）观察学习。儿童对某些社会群体具有否定的态度，是因为他们听到和看到父母、朋友、老师以及其他人对这些群体表达出否定的态度和歧视行为，或者是议论某一群体或成员，于是孩子也逐渐认同了这种看法和行为，学会了父母对他人的偏见。

（2）社会群体规范。除了观察学习外，社会规范的影响非常重要，这种群体内的规范会提示你采取什么样的态度和行动是恰当的、正确的。大多数人都会选择他们所属群体的规范来行动，“如果我们群体中的人都不喜欢他们，那我也应当这样做”。

（3）直接经验。与其他群体成员的直接经验也会形成偏见。当儿童与其他群体成员接触时，儿童周围的人会以赏罚来强化其态度。例如，父母不允许孩子同下层人家的孩子玩。当儿童试图或实际与下层人家的孩子交往时，父母会说“他们都是没有教养的野孩子”，并且还会责骂或惩罚孩子，于是孩子也会逐渐形成对下层孩子的偏见。

偏见的这种习得方式最常见的就是种族歧视。小孩出生后不知道种族之间有什么区别，比如将一个白人儿童与黑人儿童放在一起，他们会玩得很开心。但如果此时，白人父母将他们的孩子抱走，并告诉他以后再也不许和黑人一起玩，因为黑人是肮脏的、懒惰的劣等民族。刚开始，白人儿童会慑于父母的威力不敢再跟黑人儿童一起玩，慢慢地，父母的思想会深入到他的内心深处。等他长大以后，便也会持有和他父母一样的态度了。这种偏见便是通过社会学习得来的。

社会分类

人们总是把社会世界分为不同的两种类别，即我们和他们，这就是社会分类。简言之，人们把他人要么看成是自己人（群体内），要么就视为外人（群体外）。这种区分在许多方面都存在，如种族、宗教、性别、年龄、职业、收入，等等。这种倾向使我们戴着有色眼镜来看待不同社会群体，但它是怎样导致偏见的呢？泰菲尔和他的同事们用社会认同理论来做出说明和解释。社会认同理论揭示，个体通过对特定社会群体的认同来增强他们的自尊，然而只有在他们认识到这些群体优于其他群体时，这一策略才能成功。因为所有的个体都表现出相同的倾向，因此，最终的结果必然是：每一群体都极力认为自己不同于其他群体，而且还优于其竞争对手，偏见就是这样产生的。

歧视：偏见的行为表现

歧视是对偏见对象的消极行为。在现实生活中我们可以看到，对各类群体的成员抱有否定态度的人并不一定会直接地表达出他们的这种想法。法律制约、社会舆论压力、担心受报复——这些因素都会使人们在公开表达那些带有偏见的观点时有所顾忌。正是由于这个原因，公开的歧视形式——

对遭受偏见的种族或宗教采取排斥的举动——近几年许多国家已经在一定程度上减少了。

然而这并不意味着偏见的极端表现形式就已经完全消失。相反，最典型的例子就是仇视犯罪——基于种族偏见和其他类型偏见的犯罪行为——正令人不安地时有发生。

例如，在美国曾经发生过这样一件惨案：一位对黑人怀有强烈偏见的白人把一名黑人拖在大卡车后面，结果这名黑人被迫害而死了。类似的事例还有，一名大学生，仅仅因为他的性取向问题就被人谋杀了。

由于种族、宗教或者民族冲突造成的最悲惨的事件，莫过于恐怖分子在 2001 年 9 月 11 日对美国的世界贸易中心和五角大楼进行的悲剧性空袭。策划这次活动的人对美国政府和美国人民怀有强烈的憎恶感情，他们不惜牺牲自己的生命去杀害成千上万的无辜之人——杀害那些和他们素不相识、也未曾打过交道、更没有个人冲突的人。这些事实说明了偏见的极端表现在当今社会依然存在。事实上，由于现代武器威力不断增强，现代社会关系变得愈发错综复杂，仍然会有很多伤及无辜甚至伤害大批生命的破坏性惨案发生。不过，还好这类事件相对仍是罕见的，总的来说，偏见更多的还是通过非常微妙而隐蔽的行为方式表现出来。那么，这种微妙或者经过掩饰的歧视行为到底是怎样的呢？社会心理学家对此做了研究，并得出了一些很有意思的结论。这些结论包括：

（1）当代种族歧视

更为隐蔽，但非常致命。以往，人们可以毫无顾忌地公开表达他们的种族信念。但如今，很少有人还持这种观点了。这是否意味着这种异常危险的偏见形式——种族歧视已经消失，至少有所减少了呢？很多社会心理学家认为，事实上，所发生的变化只不过是“老式的”（指公开明显的）种族歧视已被更为微妙隐蔽的形式所替代了，这种新的形式被称为现代种族歧视。

现代种族歧视有什么特征呢？它包括人们在公众场合中隐藏对他人的偏见，只有在安全的情况下，比如说在公司里的亲密朋友和家庭成员这些能理解他们想法的人面前，才会表现出他们原本偏激的态度来。另外，它还包括人们会认为各种各样偏执的观点是由偏见以外的原因造成的，即使这些观点确实是由偏见造成的。比如，有人声称他（她）反对跨国婚姻，因为这样婚后的小孩将会面临很多困难，其实，这还是偏见以及认为其他种族的人在各方面不如他们的观念在作怪。

（2）测量内隐的种族歧视态度

从“欺骗手段”到“真诚渠道”。测量偏见最直接的方法就是简单地去问问人们对于各个种族、族群或者性别群体的看法——比如问他们对美国黑人、对犹太人、对女性的看法。但正如我们注意到的，在 21 世纪，几乎没人愿意公开承认他们持有带着偏见的观点，更不用说对研究他们态度的社会心理学家坦言相告了。那么，我们如何才能得知他们的真实想法呢？

途径之一，就是“欺骗手段”。

告知被试者将在他们身上安装特殊的装置，可以测量他们脉搏的细微变化（也可以是脑电波的变化或是其他的反应变化），这样无论被试者说了什么，都可以通过这些变化来探知他们内心的真实想法。为了让被试者更加相信反应过程确实是这样，研究者还会先做试验，问他们对一些问题的看法——这些问题事先已经知道被试者的想法了（因为几个星期前已经和被试者交谈过）。然后研究者看着机器数据的变化报告出被试者对这些问题的真正看法——被试者对此往往会惊讶得目瞪口呆。他们一旦相信机器在某种程度上可以"看到人们的内心世界",就会觉得没有必要隐藏自己的真实态度。那么,他们在回答问卷或态度量表的时候,或许就会比较真实,能够展现出他们真实的一面，包括各种带有偏见的看法。

这种欺骗手段之所以能用于揭示人们通常隐藏着的态度，是因为它包含了欺骗的成分，只能在被试对这套装置虚假的功能深信不疑的时候才奏效。并且这种研究手段也只能用于测量外显的态度：那些人们意识得到并愿意报告出来的态度。

然而，最近几年，社会心理学家意识到人们很多态度都是属于内隐的，并会影响行为的多个方面，但是个体本身也许并不能够意识到这种态度的存在。事实上，在有些情况下这些人都会坚决否认他们持有这样的想法，特别是涉及如种族偏见这种"别有用意"的话题时。另外，这种内隐态度也许是受偏见所针对的群体成员或和这些人相关的刺激自动激发出来的。我们如何才能测量到这种微妙而隐蔽的偏见呢？目前已经发展出几种不同的研究方法，不过大多数都是运用了启动效应的原理。启动效应就是指先前呈现过的特定刺激或事件，启动了记忆中的信息，使这些信息能够更快地从大脑中被提取出来或者有利于提高我们当时的反应速度和准确率。

途径之二，“真诚渠道”。

利用启动效应来研究内隐的或无意识自动激活的种族歧视态度的技术，被称为“真诚渠道”（相对于“欺骗手段”而言）。这个实验过程包括以下几个阶段：

在第一阶段，让被试者看一些形容词，然后让其判断这些词属于褒义词还是贬义词，并通过按一下按钮或两下按钮表示出来。各个形容词呈现之前会出现一排星号，提醒被试者紧接着会出现一个新单词。

在第二阶段，让被试者看一些不同种族或族群的人的照片。

然后，在第三阶段，让被试者再次看照片并判断所呈现的照片是否已经看过。这次呈现的照片有一半是在第二阶段让被试者看过的，有一半是他们先前未看过的。

最后，也就是最为关键的第四阶段——包含了启动效应的阶段——要求被试者判断所呈现的形容词是褒义的还是贬义的，但是在看这些形容词之前，快速地呈现不同种族或族群的人的脸部照片（黑人、白人、亚洲人、拉丁人的脸部照片）。这样就可以由被试者判断形容词的反应时揭示出他们内隐的种族态度。举例来说，假如被试者对黑人抱有否定态度的话，出现贬义词的时候他们的反应速度就会比较快。为什么呢？因为受启动效应（如一张黑人的脸部照片）激发的否定态度与词的贬义性是一致的；相反，出现褒义词时被试者的反应速度就比较慢，因为这个词的褒义与启动刺激激发的否定态度之间是不一致的。

试验结果表明：人们确实抱有种族歧视的内隐态度。这种内隐态度在想到或看到某一种族或族群的成员时就会自动激发出来，进而它还会影响到人们的行为方式。比如影响那些涉及他人的相关决定，也影响和那些成员交往过程中友谊的建立。眼下，值得注意的一个重要观点是：在许多国家的公众生活中，尽管公开的种族歧视已经减少，但这种有害的偏见类型依然顽固地存在着，它通过很多隐蔽的反应形式起作用，继续成为影响社会群体的一个非常严重的问题。

（3）象征主义

小恩惠，高代价。这是当今世界发生的另一种歧视现象。设想一下，假如你找到了一份梦寐以求且起始薪水比预期还高的工作。一开始，肯定为自己的幸运感到高兴万分。然而假设有一天你发现你之所以能够得到这份工作，主要是因为你属于某个特殊的群体——公司为了避免被控诉有歧视现象存在而必须雇佣这个群体的人。你对此会有何反应？你们公司那些知道你是因此而被雇进来的人又会做何感想、会怎么看你？

对于上述第一个问题，已有研究结果表明，很多人对这种情况都会感到十分沮丧。当他们意识到自己受雇佣或被提拔仅仅是出于他们的种族背景、性别或个人身份的其他因素时，都感到很难过。进而，他们也许会拒绝这份自己只是作为某个种族、族裔或宗教群体的成员而象征性参与的工作。

对于上述的第二个问题，越来越多的证据表明，公司里其他人对那些作为某个群体典型的象征性人物的人是十分反感的。例如赫尔曼、勃罗克和卢卡斯发现，招聘人员会认为那些受惠于匡正歧视措施的就业者的工作能力比不上那些没有受益于这种方式进来的求职者。

象征性地雇佣某个群体的人只是象征主义的一种体现，其他领域同样会存在象征主义现象。象征主义最为普遍的形式是，对遭受偏见的对象施加小恩小惠，以此作为借口和理由，来掩饰新的歧视形式。“别再烦扰我了，”心怀偏见但已经贯彻了象征主义的人如是说，“我已经为那些人做了很多了！”无论象征主义何时发生，都至少会造成两个消极后果。首先，它让怀有偏见的人可以推卸责任，他们能够指出这些象征性的活动就是他们对弱势群体不偏执的证明。其次，它损害了遭受偏见者的自尊心和自信心，包括损害了那些得以象征性参与或是接受了些许帮助的少数人的自尊心和自信心。因此，象征主义作为歧视的一种隐蔽形式，应该得到预防和制止。

无论是何种歧视，都是偏见的行为表现，都会影响人们的正常交往。因此，我们必须克服任何一种偏见，以保证我们人际交往的顺利进行。

有偏见的人：人际交往中的受孤立者

偏见可以说是人际交往的死敌，它一点一点地腐蚀我们的独立判断能力，在我们人际交往的旅程中设置了一道沉重的枷锁。

持有偏见的人大多目光短浅或心胸狭窄。他们好猜疑、嫉妒他人，即使对朋友也不能吐露真心。因此，有偏见的人是找不到知己的。由于偏见往往通过人的行为表露出来，因此拥有偏见的人说话、做事就很容易偏激，和别人的想法不一致。这样的人在人际交往中常常是受孤立的，因为人们觉得他们的行为很古怪，想法很难猜。而他们自己却往往不自觉，不知道自己已经是偏见的受害者了。如果是这样的话，下面的一些办法可以使你察觉到你是否持有偏见。如果是的话，帮你及时加以改正。

如果截然相反的意见会使你大动肝火，这就表明，你的理智已失去了控制。这一点无须多说，你会下意识地觉察到的。假如有人坚持认为 2+2=5，或者冰岛在赤道上，你根本不会发怒，只是对他的无知感到惋惜。只有那些双方都没有令人信服的证据的事情，争论才会最激烈。因此，无论何时都要注意，别听到不同的观点就怒不可遏。通过细心观察，你会发觉你的观点不一定都与事实相符。

了解与你处在不同社会范畴的人们的观点是克服偏见的妙法。即使你接触的人很少，也要竭力寻找与你持不同意见的人相处。如果你觉得这些人似乎缺乏理智、蛮横无理、令人厌恶的话，你就要提醒自己：在他们的眼中，你或许也是如此。从这一点上讲，或许两方面都是对的，但不可能两方面都是错的。

如果你的想象力很丰富，那你不妨假设一下自己与持不同观点的人进行辩论。这种方法不受时间和空间的任何限制。例如，甘地痛恨铁路、汽船及机械，如有可能，大有要毁灭整个工业革命全部成果之势。也许，你根本不可能有机会真正同这种人辩论，但你可以设想一下，假如与甘地争论的话，他会如何驳斥你的观点呢？在这种假想的辩论中，有时你会发现，对手的观点比你自己的正确，于是，你会改变原来的武断看法。

另外，还要谨防过于自尊。不论男女，十有八九都深信自己比异性优越。双方都有充分的根据。男性会说，大部分诗人、科学家等名人都是男的；女性会反驳，犯罪的也是男的多。事实上，是男性优越，还是女性优越的问题现在还难以定论。不过大部分人在这一问题上是自尊心在作怪。又如：无论生长在何处的人，都会据理力争说，本国比他国好。鉴于各国都有其自身的优缺点，我们要调整一下判断的标准以便于说明自己国家所具备的优点是否至关重要，而相比较而言，缺点是否微不足道。其次，判断这一问题并无绝对标准。人类本身还有一种过分的自尊。排除人类这种夜郎自大的心理状态的唯一办法是提醒自己：地球只是宇宙天体中的一颗不足为奇的小星星，而人类在地球的沧桑变幻过程中只是一部瞬息即逝的小插曲而已。

总之，要想顺利地进行人际交往，就应该尽力摒弃自己的偏见，学会同各种类型的人和谐相处。

应对偏见消极影响的技巧

偏见注定会影响我们和他人的相互作用吗？我们有减少它们的方法吗？社会心理学家设计了减少社会与生活中少数

群体的偏见和歧视的几种方式。其中最重要的有以下几种：

创造多数群体和少数群体间沟通的机会

有关减少偏见的策略没有比让有偏见的人与偏见的对象之间的沟通更可能带来友好的态度。这一设想，受到了更多的关注。例如，美国的学校取消种族隔离的一项基本原理就是，学校里的接触会导致偏见的减少。

但事实证明，不仅只是接触在起作用。例如，美国的学校里取消种族隔离还未能证明就一定会减少偏见。实际上，当情绪变得高涨时，就像是法庭上宣读消除种族隔离的安全中的事例一样，偏见事实上可能在增长。

根据接触假说，对立群体成员间的直接沟通只是在某些条件下才会减少偏见。数十年的研究已经证实“某些条件”包括的内容有：相对平等身份的人之间的接触，一个人与另一个人合作，一个人依赖另一个人。因此，一位雇用了一个西班牙女仆的有偏见的白人女性不可能放弃以这种接触为基础的偏见。另一方面，和西班牙人在同一个委员会工作来发展儿童学校的有偏见的白人女性就很有可能减少这种偏见。

运用锯曲线技术

锯曲线技术是增加群体内互动的课堂程序：给人们少量的信息，然后要求他们把这些信息告知同一群体的一组合伙者。基本方法如同取一些小片的东西把它们拼到一起来构成一件拼装玩具，参加锯曲线技术课的学生被提供一小部分信息，然后就要求他们把这些资料教给群体内另一组伙伴。当所有学生的信息聚集到一起，就构成了一个有意义的整体，能使该群体全面理解该课程。几项研究都表明，锯曲线技术不仅会带来有效率的学习，而且还会提高自尊、个人魅力以及对不同人种和种族群体成员的同理心。

人道主义评价

在一些实验研究中，人们被迫面对这样一个事实，他们对于平等和自由所持的积极评价与他们对少数群体成员的消极知觉不一致。当这种不一致被指出来时，偏见就减少了。同样的，当人们无意中听到他人强烈地谴责种族歧视，他们就更易于强烈地声明他们自己反对偏见。很明显，公众标准或规范反对种族歧视越突显，在公众谴责的情境之中，就越能减少歧视的出现。

消除刻板印象

刻板印象是偏见的认知成分。一般人对某些群体的成员常存有一定的刻板印象，如白人认为黑人智力低下、不求上进等。如果想消除偏见，那么就一定得先消除刻板印象。而消除这种刻板印象，最好的办法就是让与白人接触的黑人表现出异于刻板印象的行为来。人们对处在社会关系各位置的人都抱有共同的角色期望，预期他会有什么样的行为。如果黑人总是从事一些简单、低下的工作，则对其工作角色的期望正符合白人对黑人的刻板印象，并且会进一步加深巩固。相反，如果黑人从事一些社会地位较高的工作，如教授、医生、工程师等，那么对此等职位的角色期望就会与对黑人的刻板印象相矛盾。如果这种现象经常出现并越来越多，久而久之，白人对黑人的以种族刻板印象为基础的偏见态度就会逐渐得到改善。

共同的命运与合作性奖励

从前面我们所讲到的谢里夫关于暑期夏令营的研究中可以看到，竞争可以引发两个群体的相互敌视。接着前面的实验，谢里夫故意把营区的给水系统加以破坏，使两个敌对群体都面临相同的命运，这个危机唯有依靠两群体全部成员的共同合作才能解决。结果证明，共同的命运与合作性的奖励是消除群体敌对态度的重要因素。如有两个人被迫进入同一情境中，两人都期望相同的目标，而此目标的获得只有依靠两个人的合作时，则这两个人的行为彼此依赖并面临共同的命运。研究也发现，相互依赖的行为及面临共同的命运可以增加相互的好感。

第二次世界大战期间，有些黑人士兵被安排在白人的作战单位之内。在大战结束后，一些心理学家研究白人士兵对黑人的态度，绝大多数白人士兵和军官认为将黑人白人安排在一起是很好的。研究者还发现，在白人和黑人越需要合作或并肩作战的单位内，白人对黑人的态度就会变得越好。

平等地位的交往

当彼此交往的人不平等时，相互之间的反应大多是肤浅的、形式化的。因此不但不能深入了解对方的特性，而且容易根据对方的外在表现做一些刻板的判断，而对社会地位低下者的判断基本上都是不好的。另外地位不平等的接触，还会使双方的差异更为显著。因此，使人们以平等的地位相互接触是降低偏见的重要条件。

熟悉对方的独特性

我们在生活中要接触各种各样的人，但对其中的许多人我们是不熟悉的，对他们的认识也是肤浅的。假如我们能够详细地了解所接触的对象，知道他们的能力、性格、抱负、爱好等，将有助于减少偏见的产生。美国学者研究发现，住在同一层公寓内的黑人和白人家庭主妇，彼此见面的机会多，也较为熟悉，因此这些白人主妇对黑人的态度要好于其他人。

第5章

如何同他人建立起亲密关系

测试：心灵的围墙

如果有一个不是很熟的人突然对你开始百般讨好，你会怎样做？

A. 以平常心与对方交往

B. “无事献殷勤，非奸即盗”，不动声色地提防他

C. 即刻拒绝，这样就不用担心他有什么企图了

D. 最近不知道怎么了，人缘总是很好，好高兴

完全解析

选择A：你是个坦诚的人，良好的心态会为你带来良好的人际关系。在你看来，对方只是想跟你做朋友，也不容易受到对方的影响，所以你可以很客观真实地表现自我，以一颗平常心与对方交往。大多数情况下，对方即使另有所图，也会因为你的平常心和坦诚，自动打消念头。

选择B：你的心灵围墙比较高，自我保护意识比较强。面对陌生人，你会习惯性地启动自我防卫系统，以静制动，先摸清对方的意图。你成熟稳重，即使看破一件事情也不会轻易说破，避免为自己树敌。这样的社交模式，导致你的人际关系四平八稳，能交心的朋友并不多，但另一方面，敌人想暗算你也绝非易事。

选择C：你的心灵围墙太高了！你随时随地都处于高度戒备状态，尤其是对陌生人。长此以往，你的人际关系会越来越封闭，心理健康也会受到影响。也许你天生神经质，也许你曾经受到过伤害，不管什么原因，请你试着敞开一些心灵空间，其实很多时候，敌人是我们自己假想出来的。

选择D：你过于自我，考虑任何问题都把自己摆在首要位置，其实这样反而容易让人钻空子。当别人有所企图地接近你时，只要稍微对你殷勤一点，赞扬你一番，你就会不由自主地陷入自我期待中，完全打开心房，成为对方的傀儡。

同他人建立亲密关系，是我们每个人在人际交往中想要达到的最高境界。要想实现这种境界，并非不可能，心理学家为我们提供了一些方法。虽然这些方法不能保证适合每一个人，但只要你在实际交往中“因地制宜”地善加利用，还是会收到一定的效果。

家庭：最初的人际关系

孩子最初与父母的交往大多数都会对日后的人际交往有所影响，因为家庭是我们每个人学习与人相处的第一个场所。家庭是社会的基本细胞，家庭内部成员间有着丰富多彩的交往，并影响到以后的人际交往。只有理顺家庭中的人际关系，才能端正社会上的人际关系。也只有社会上的人际关系理顺了，天下才能稳定。

家庭作为人类的基本生活单位与社会存在着三种主要关系：其一，家庭是一种有生命的、能生产的、特殊的社会生活组织形式，它与其他社会关系不同，以两性结合的血缘关系为基础。所以繁衍后代的职能主要由家庭来完成。其二，家庭是社会的细胞，是社会基本的单位。人类进入文明时代以来，没有家庭就没有社会，人际交往是建立在家庭交往基础上的，社会由成千上万的家庭组成。其三，家庭也是从事物质和精神生产的特殊的经济文化组成形式。家庭在物质生产中积累的物化技艺和精神生产积累的经验知识，在社会上传播之前，首先在家庭内部传播和继承。

同时，家庭也是我们建立最初人际关系的场合，家庭中的交往关系是我们学习人际交往的基础，那么家庭交往关系都包括哪些呢？

夫妻间的交往

它是家庭交往的核心，直接制约着家庭交往的气氛和思想道德水平。一个和睦的家庭，必然有良好的夫妻关系。夫妻交往要遵循互相尊重、民主和平、相敬如宾等原则。夫妻交往中应注意的是：①以良好的交流共建归属感，对可能造成的误会要尽可能向对方解释清楚，互相信任；②当自己做错事时，应主动地、幽默地承认错误，虚心接受批评；③双方发生争执时，一方应主动撤离；④生活应有精神寄托和志趣，互相赞赏，经常向对方提出积极的建议，攀登新的目标；⑤共同承担家务劳动，共同教育子女，支配好业余和节假日时间；⑥遇事应民主协商，不独断专行；⑦当一方因工作事业不顺心时，要多开导，使他（她）的压抑得到及时宣泄；⑧互相体贴，关心对方的衣食住行；⑨共享天伦之乐，应多在一起游玩或谈心。

在夫妻交往中，有一些不良行为会影响双方的关系。属于丈夫的不良行为包括：①大男子主义，视妻子如佣人；②对别的女人品头论足，羡慕别的女人；③言语尖酸刻薄，动辄粗话连篇，拳打脚踢；④和女人斤斤计较，心胸狭窄；⑤对家庭无责任感；⑥缺乏男子气概，没有主见，缺乏道德，不求上进；⑦对上司俯首帖耳，对下属颐指气使；⑧吃喝嫖赌，骗财偷情。属于妻子的有：①整日盯丈夫梢，对丈夫处处不放心；②当众数落丈夫，赞扬别的男人；③胸无大志，好吃懒做；④情感外露，风流轻浮；⑤对家庭不负责任，不尊敬老人，不关心孩子；⑥把持丈夫工资和奖金；⑦对丈夫的喜怒哀乐、衣食住行漠不关心；⑧把丈夫视为附庸，总是说“当初不该嫁给你”；⑨脾气古怪，喜怒无常。要知道，建立和睦的家庭关系，夫妻双方都负有责任，需要双方共同努力才行。

夫妻双方朝夕相处，难免会出现一些纠葛，但最重要的是要互相尊重。当矛盾产生时，首先应从大局出发，采取积极的态度，从内部调解，有时也可以借助外力，如请求组织或同事朋友帮助调解。其次，当夫妻之间感情裂痕无法弥合时，又经过深思熟虑，果断提出离婚。

父母与子女间的交往

主要是家庭教育问题，包括知识传授、规范教育和性格培养等方面。现代家庭可分为工、农、兵、学、商、政六种职业单一组合的家庭及它们之间交叉组合的家庭，它们均可视为普通家庭。普通家庭按一些特点还能分成核心家庭、留守家庭（异地生活，一方在外地、外国）、离异家庭、再婚家庭等。家长在对子女情感的问题上，一般可分为重己型（即不要子女或以夫妻为中心）、重子女型（即以子女为中心）、中间型三种。在对子女的教育问题上，一般可分为：重义型，即重视思想品德教育；重利型，即看重功利教育；中间型，处于重义重利之间；放任型，任子女随便发展。当代家庭教育，家长普遍“望子成龙”，据有人对上海家庭进行抽样调查的结果：①希望子女未来的学历，研究生以上占 27%，大专本科学历占 54%，高中、中专学历占 15%，无所谓占 4%；②希望子女未来工作地点，出国占 41%，留在身边占 35%，外省占 6%，无所谓占 18%。这说明家长普遍对子女都有较高的期望值。

从社会角度讲，家庭既然是社会的基本细胞，那么家庭教育首先应该是搞好思想品德教育，其次要进行智力、行为习惯教育、个性教育、特长教育、审美教育、性别（生理）

知识教育。家长是子女的第一老师和模仿的对象，要在家庭交往中通过一举一动、点点滴滴的小事来教育子女树立自尊、自信、自强、自爱观念，克服娇气、怕吃苦、任性、以自我为中心的性格，从小养成个人是集体的一员、个人应为集体做贡献的意识，吃苦耐劳，经得住社会考验。

同老人的交往

主要是赡养问题。当代社会，无论年轻夫妇是和老人一道居住组成大家庭，还是单独居住，年轻夫妻都有关心和照顾老人的责任和义务。赡养老人或尽孝心是我国传统美德。生活上爱护照顾老人，一方面是报答老人的养育之恩，另一方面也是给下一代做榜样。

每个家庭都应让老人度过幸福的晚年，使老人精神愉快、心情舒畅，具体措施有：①积极主动帮助老人解除生活中遇到的各种困难，如衣、食、住、行，重体力劳动及看病护理等；②经常向老人通报自己的工作、学习、生活情况；③定期（如节假日）看望老人，掌握生活、健康、情绪等情况，谈社会、家事，多交流；④帮助和引导老人参加健身和文化娱乐活动，陪老人逛商场，游公园，进戏院等；⑤尽可能满足老人的物质文化需要，如购买老年食品、订阅报纸杂志等；⑥每隔一段时间，为老人检查一下身体；⑦主动签订赡养协议，由司法部门公证，增强赡养意识，减少家庭矛盾。

同邻里间的交往

这是家庭作为社区成员和周围其他家庭之间的社会往来。邻里之间言笑之声相闻，难免天天相见。每个家庭都要共同维护社区治安，做好社区卫生，美化环境，参加社区活动与服务，一家有困难，大家来支援，共同创建社区的精神文明，处理好邻里关系。

如果家庭内部能够做好以上几种交往关系，那么就会为我们将来进行更广泛的人际关系打下良好的基础。

家庭之外的关系：建立亲密的友谊

人际间的爱有血缘爱、性爱、敬爱、抚爱与友爱五种，友谊便属于朋友间的友爱，这种爱是十分广泛的，不仅同性间有，异性间也有；不仅同龄人间有，年龄悬殊很大的人之间也有；不仅同等地位的人之间有，地位悬殊的人之间也有；甚至存在血缘爱、性爱的人们之间依然可有友爱，可见友爱是人际间最广泛的一种爱。可以这样理解，友谊是最大限度上剔除了生物属性、心理上对等、行为上互酬的亲密的人际关系。

从小时候起，我们大多数人就会与一些和自己有共同爱好的同龄人开始一般的交往。这种早期的人际关系，即友爱，会有利于形成以正向情感为基础的相互喜爱之情。一般说来，有朋友是好事，因为这样可以激发人的自尊心，并有助于缓减压力，但如果交上一个反社会、退缩、冷漠、好斗或不可靠的朋友，也会带来许多负面影响。

亲密朋友与其他友好关系

随着我们日益成熟，亲密友情会具备几个与众不同的特征。例如，在不是朋友的人面前，人们往往会出于自尊包装自己的形象，但如果是与朋友交往，便会对自己的成就表示出谦虚的态度。

亲密关系一旦建成，与一般关系相比，会使两个人在一起的时间增多，见面次数增多，还会有自我暴露、双方情感支持，以及区别于其他一般朋友的特殊对待。普通朋友只是处得来的人，而亲密朋友则意味着慷慨、细腻、诚挚——在他面前你能够感到放松和自由展现自我。

社会学的调查表明：女性的亲密朋友比男性多，并且她们认为交亲密朋友有许多好处。例如，有朋友的人比没有朋友的人对工作的满意度高。

而不好的是，当与一个重要朋友离别或失去他 / 她时，带来的痛苦也是非常大的。例如，大学毕业往往会中断这种亲密友情，出现情感危机，所以两人必须适应这种分离。所以，大四毕业生，尤其是女孩，会比那些不面临毕业的学生更多地表现出强烈的情绪困扰。

男性朋友之间的谈话是不是与女性之间有明显不同呢？有关心理学家区分出了几种因性别不同造成谈话内容不同的特征。两个男人在一起喜欢谈论女人和性、人际关系困境，还有运动和酒。而两个女人在一起则喜欢谈论与男人的关系、服装、与室友的矛盾、赠送／接受的礼物等话题。

男女之间存在着不涉及性的友谊吗？有人提出，男女对异性友谊的期望有所不同。例如，男性倾向于和有魅力的异性建立友谊，希望能从朋友关系发展成为性关系。但如果没有身体上的吸引，男人便认为有理由结束交往了。而恰恰相反，对于女性来说，与男性建立友谊是为了得到身体上的保护，如果不具备这种保护，她们也感觉应该疏远这种关系。

事实证明，以上说法是不准确的，因为我们会在现实生活中发现，男女之间也存在着不涉及爱情或性的友谊，这就是我们通常所说的“蓝颜知己”。

维系友谊的交往要素

美国芝加哥洛约拉大学心理学教授尤金·肯尼迪说：“建立友谊的最基本的秘诀是有勇气承认自己是真诚坦率的，友谊意味着充分信赖他人。人们要在不危害友谊的基础上得到友谊的报答。”这里尤金·肯尼迪从心理学角度道出了维系友谊的最重要的要素——真诚。

维系友谊的交往要素有：

1. 真诚

马克思也把真诚放在首位，他说："友谊需要真诚去播种，热情去灌溉，原则去培养，谅解去护理。"

朋友间以诚相待，并不排斥讲话有分寸、有保留，但所谈的话应该是真实、诚恳的。虚伪是埋葬友谊的坟墓。朋友间如果不互相信任，相处时还要互相戒备，那友谊就已经死亡了。

朋友之间要以诚相待，以心见心。没有真诚就不会存在真正的友谊。相知贵在心，常相知不相疑。一句话，建立友谊、发展友谊，需要真诚；消除隔阂、解除隔阂，需要真诚。

2. 信用

信用是处理人际关系（包括非友好关系）的必守信条。敌对双方谈判要守信用，做生意的双方成交要守信用，甚至连父母对孩子也要守信用。

信用的心理作用首先是给对方以安全感。朋友间是以相互吸引为前提的，但这种吸引是否能持续、持续多久，很重要的一点是双方必须在交往中达成心理上的安全感，有了安全感，可以防止交往中焦虑心理的产生。

3. 大度

宽宏大量应是维系友谊的第三个心理要素。反之，心窄气小、多疑善变则是交友的大敌。

大度同样可以在心理上给朋友以安全感，对方不必担心你发火、埋怨或绝交。大度还包括责己严、待人宽，这样交往中便更趋轻松、自由，就可以避免不必要的恐惧感。

大度还表现在对待钱财上的大方得体。这也是个复杂的心理学问题。有的学者在大学生中做过这方面的调查，结果表明与朋友经济上往来属于：

（1）钱财、用品分得很清的占 17.8%。

（2）不分彼此的占 24.8%。

（3）零碎不计较的占 57.4%。

可见，多数人在钱财问题上是能表现其大度的。

4. 尊重

如果说真诚是维系友谊的基础的话，尊重便是维系友谊的灵魂。尊重是人的较高级的需求层次，在与一般人的人际交往中都不可忽略，更何况是朋友间呢？

尊重包括尊重对方的潜在尊严和表征尊严。潜在尊严是内心意向的自我坚持，比如自己执着地热爱业余写作，坚持这个意向，即是自我尊严。表征尊严是在他人（包括自己起码三个人）面前的上优欲的满足，比如选定一件上装，总希望在别人面前得到赞誉。如果得到的不是赞誉而是讽刺，这个上优欲未得满足，或者说受了挫折，便是对表征尊严的损伤。

充分给朋友以其才干上的信任，是最好的尊重方法。

美国著名广告家斯坦顿，与一位很有才干的工程师朋友关系一度疏远。斯坦顿发现后，马上请他审查一幅新建水管装置的设计图，并求他指教。朋友的潜在尊严受到维护，便奋力地为他审图，提出意见，二人的友谊很快恢复了。

以上列出了维系友谊的四个交往要素，恰如支撑一个方亭的四根柱子，缺少一根，亭子便倾斜，甚至倒塌。而这个方亭要想屹立不倒，除了以上四个要素，还有两个赖以牢固的基础——理解和热情。理解是方亭底座的砖石，热情是底座的黏合水泥。我们也可以这样理解：理解是友谊的前提，热情是友谊的纽带。朋友间失去了理解犹如马路上失去了轮子的汽车，失去了热情则如熔炉中失去了火焰的煤炭。而这种理解和热情是建立在亲近的心理基础上的。

爱情：超越友情

爱情交往是人际交往中异性吸引的重要内容之一。爱情双方的亲密程度超越了友情。爱情可以在友情的基础上建立，爱情当中也可以存在友情。

爱情的特点

爱情是异性间建立的一种特殊的情谊关系。只有当异性间是基于一定的客观物质基础和共同生活理想，在各自的内心中形成最真挚的仰慕时，爱情才能成为恋爱双方结成终身伴侣的最强烈的感情。

恩格斯在《家庭、私有制和国家的起源》中曾讨论过“现代意义上的爱情关系”，对我们正确理解什么叫爱情具有现实意义。总结起来，恩格斯所说的现代爱情关系具有以下特征：

1. 具有自主性

爱情必须是出于当事人的自愿，以所爱者的互爱为前提，不受外来因素和势力干预。尽管有时需要通过他人介绍、穿针引线才能相识，但最终还要由当事人双方来决定是否“互爱”。我国在法律上保障自由恋爱，反对父母包办子女婚姻，反对农村的换婚行为，严厉打击人贩子残害女性儿童的刑事犯罪活动。强扭的瓜不甜，爱情应建立在男女双方发自内心的“有情”之上。

2. 具有对等性

建立爱情必须是“女性处于同男子平等的地位”，或者说男女双方的地位平等。爱情不能凌驾于一方之上，男女双方都不能把对方视为用人或玩偶。社会主义制度使男女平等成为现实，为消灭阶级差别创造了条件，男女都有机会学习和工作，献身于社会，因此也为异性追求真正的爱情开辟了广阔的道路。

3. 具有排他性

男女双方一旦形成爱情关系，就不容许第三者介入，也难容忍任何一方与别人有亲密行为。同其他人的情谊再深，也不能超出朋友的关系。恋爱当中，三角恋爱、多角恋爱是不道德的行为，往往会刺伤一方的自尊心，使之蒙受被人玩弄、出卖的耻辱。

4. 具有持久性

基于爱情的结合会使彼此难舍难分，爱情是情感和责任义务的统一，不仅贯穿于初恋、热恋过程，而且贯穿于婚后的夫妻生活和家庭幸福之中。任何一方朝秦暮楚、喜新厌旧，或者把结婚当作爱情的坟墓，这种爱情便不是真正的纯洁的爱情。

5. 具有道德性

爱情应建立在共同的理想和道德基础之上。人要有国格、人格，不要为出国、金钱、地位、享受而卖身求荣，做人要自尊、自强、威武不能屈。同时也要警惕，只要存在权势、经济等方面的差别，总会有人仗着这些“优越性”，以非爱情、非道德方式玩弄女性。爱情应该是健康的、严肃的，人人要洁身自爱，一方面是为了个人名誉前途和家庭幸福；另一方面也是为了不损害他人。逢场作戏，满足性欲，是西方性解放带来的堕落，缺乏道德感的“露水爱情”，不仅伤风败俗，还会造成严重社会问题（如弃婴、性病、艾滋病及吸毒），损人害己。

6. 具有义务性

爱情是婚姻和家庭的基础。夫妻双方都要对家庭承担义务和责任，如赡养老人、教育子女、料理家务以及夫妻之间工作学习上相互支持等。爱情还蕴含着社会义务，家庭和谐、教育、思想意识等因素，会影响社会的安定团结。缺乏义务和责任感的爱情，是不牢靠的爱情。

爱情的交往过程

1. 初级阶段

常有两种情况：

一是邻近吸引萌发爱情。共同的生活小环境是异性接触频率最多的空间，常发生于同学、同事、同行、邻里之间，在异性间的交往即将发展为爱情时，往往会表现出种种蛛丝马迹，主要有：①异性间常眉目传情，所谓“暗送秋波”就是指眼光格外亲切；②常有美化对方的倾向，“情人眼里出西施”，对方一举一动、一言一行，都看起来顺眼，由衷赞美；③力图完善自己，使自己表现得更好，如在对方面前显示自己的才华和能力；④渴望和对方在一起，一日不见，如隔三秋；⑤常防备恋人被他人抢走，看见恋人与别的异性在一起会有嫉妒心理，甚至把同性视为“情敌”；⑥期望在身心上与对方融为一体，双方情感外露，行走时勾肩搭背、旁若无人；⑦希望能为恋人多付出一些，恋人有求必应，有时甚至不惜去做缺乏理智的愚蠢之事。

二是约会发展为爱情。约会可以是经别人介绍，也可以是异性邻近吸引关系的明确化。约会的目的双方是彼此明确的，直接面对面的交谈能够加深了解。有人曾对大学生做过调查，让他们将约会对象的人格、长相、智力、品德按重要性排序，结果是：人格、品德、长相、智力。那么大学生的回答是否符合实际情况呢？研究发现，约会的长相因素男女生是有区别的，长相的吸引力对再次约会的相关系数男生是 0.89，女生是 0.25，就是说男生有 89%重视长相，女生有 25%重视长相，女生更倾向以其他因素来选择对象。这组数字给我们以启发：对为长相而自卑的女性来说，选爱人的最佳方式应该是从邻近吸引开始，避免介绍约会这种方式；对为长相而自卑的男性来说，应多考虑以能力、相似性来吸引女方；当然，对有理智的约会来说，男女双方都应考虑多接触（约会）几次，因为互补吸引在生活中也是一种很理想的组合。

2. 热恋阶段

这个阶段是约会或初恋的进一步发展。热恋阶段，男女双方彼此感情更为专一，带有更多的关心、尊重、了解及责任，有了拥抱、亲吻、抚摸等行为。热恋有时也会看到单相思的爱，追求对方越无法实现，就爱得越强烈；或者有时发现一方对自己变心不忠时，心中的痛苦反而使他（她）觉得自己更爱对方。热恋中的人常有逆反心理，当父母或他人干涉时，他们可能爱得更强烈，甚至出现私奔、逃婚、自杀等行为。研究表明，有些“难得到”的女性，往往使人心烦意乱，能勾起人们更多的爱，并显得更有吸引力；对于“难得到”的女性，收获者一定是“最有耐心”的男性，而“心比天高，命比纸薄”“跑掉的鱼大”，也常是这类女性自我认为的婚姻结局。

3. 婚姻阶段

爱情开花结果阶段。婚姻是法律上承认一对男女有了组织家庭的权利，使性的关系合法化。结婚意味着要对家庭和社会承担义务，同时也要继续发展纯洁坚贞的爱情。

适当的“自我暴露”有助于加深亲密程度

何谓“自我暴露”

一个人对他人的开放性体现在两个方面。一是由初次见面时待人接物的习惯所决定的，这称为社交性。社交能力强的人善于闲谈，但谈话中未必会涉及根本问题。第二个方面是由一个人是否愿意将自己的本意、内心展现给他人所决定的，这称为自我展示性。

这两种类型的开放性通常是完全独立的。有些人社交能力很强，他们可以饶有兴趣地与你谈论国际时事、体育新闻、家长里短，可是从来不会表明自己的态度。而你一旦将话题引入略带私密性的问题时，他就会插科打诨，或是一言以蔽之。可见，一个健谈的人，也可能对自身的敏感问题有相当强的抵触心理。相反，有一些人虽不善言辞，却总希望能向对方袒露心声，反而很快能和别人拉近距离。

人之相识，贵在相知；人之相知，贵在知心。要想与别人成为知心朋友，就必须表露自己的真实感情和真实想法，向别人讲心里话，坦率地表白自己，陈述自己，推销自己，这就是自我暴露。

当自己处于明处，对方处于暗处，一定不会感到舒服。自己表露情感，对方却讳莫如深，不和你交心，你一定不会对他产生亲切感和信赖感。当一个人向你表白内心深处的感受，你可以感到对方首先信任你，其次想和你达到情感的沟通。这就会一下子拉近你们的距离。

在生活中，我们会发现有的人知心朋友比较多，虽然他（她）外表看起来不是很擅长社交。这是为什么呢？如果你仔细观察，会发现这样的人一般都有一个特点，就是为人真诚，渴望情感沟通。他们说的话也许不多，但都是真诚的。他们有困难的时候，总能有人来帮助他（她），而且很慷慨。

而有的人，虽然很擅长社交，甚至在交际场中如鱼得水，但是他们却少有知心朋友。因为他们习惯于说场面话，做表面功夫，虽然交朋友又多又快，感情却都不是很深。因为他们虽然说很多话，但是却很少暴露自己的感情。其实人人都不傻，都能直觉地感到对方对自己是出于需要，还是出于情感而来往。

每个人内心深处都有对情感的需要，就好像对食物的需要，是与生俱来的。情感纽带下结成的关系，要比暂时的利益关系更加牢固。

实际上，人和人情感上多少总会有相通之处。如果你愿意向对方适度袒露，总会发现相互的共同之处，总能和对方建立某种感情的联系。对于可以信任的人吐露秘密，有时会一下子赢得对方的心。

影响“自我暴露”的因素

当人们与自我暴露水平较高的个体交往时，最有可能进行较多的自我暴露。人们常常会回报或模仿他人所欣赏的自我暴露。如与朋友聊天时，朋友讲出心底秘密的同时，我们也愿意做出同等的回馈。

自我暴露与喜欢紧密相连。人们喜欢那些与自己有相同自我暴露水平的人。如果某人的自我暴露比我们暴露自己时更为亲密详细，我们会害怕过早地进入亲密领域，从而产生焦虑。

自我暴露与对方赞同程度紧密相连。获得对方赞同时，我们的自我暴露就多；反之，则少。

选择合适的心理距离的重要性

美国心理学家莫里斯曾在阅览室进行观察，他发现：阅览室开放后，当第一个人在长椅上坐下，下一个进来的人不会坐在先来者身旁，也不会远远地坐在另一端，而会选择在两者中间坐下，再后进来的人也会按这种模式选择座位，直到最后进来的人在不得已的情况下，才会坐到先来者身旁。这就反映了人们不管走到哪里，“个人空间”的意识永远都存在。

最佳距离的远近首先取决于你交往的对象是谁。美国人类学家爱德华·霍尔在《无声的语言》中，制定了一个人际心理距离和空间距离相对应的尺度，用四个区域来表示：

亲密距离

距离在 0 ～ 46 厘米之间。这个区属于家庭成员、莫逆之交等最亲密的人。在这个区域内，两个人可以互相接触，能嗅到各自身上发出的气味，说话一般轻声细语。这个距离尤其适用对机体的抚慰。两人一旦处于亲密区的距离，就会排斥第三者的加入。

当一对莫逆之交正在促膝谈心，有一个第三者无故插进来，这会被看成极不知趣之举。假如你到一个不必对号入座的剧场观看演出，如果还有许多空位子，你就不会在一个陌生人身边坐下。

熟人距离

距离 46 ~ 120 厘米。又分两个层次，一是 46 ~ 60 厘米，这是私人的空间距离。夫妻或情侣之间可以在这个距离中自由来往，如果别的女人试图和一个男人这样做，那这个男人的妻子必定大发雷霆。另一层次是 60 ~ 120 厘米，老同学、老同事，关系融洽的隔壁邻居之间的距离就属于这个距离。当我们向人吐露心声时，差不多总在这个距离内进行。这个区域的话题可以或多或少地涉及秘密，而且全部是个人的、与双方有关的事宜。

社交距离

距离 120 ~ 360 厘米。也分两个层次：一是 120 ~ 210 厘米。如在办公室里，一起共事的人总是保持这个距离进行一般性交谈，分享与个人无关的信息。另一个层次是 210 ~ 360 厘米，如正式会谈时，人们一般都保持这个距离。这个距离内目光的接触比交谈更重要，没有目光的接触，交谈的一方会感到被排斥于外，也许会导致交谈中断。进入这个区域的人彼此相识，但不熟悉；交谈内容多半是事务性的，不含感情成分。

公共距离

距离在360厘米以上，完全超出了可与他人进行深入交流的范围。演讲者与听众、非正式的场合以及人们之间极为生硬的交谈都保持这个距离。

但是，正如霍尔教授所说的，一个人的个人空间像一个“气仓”，它紧紧地跟随着一个人，在不同的环境下会扩大或缩小。假设在高峰时的公共汽车里，如果人坐在一个双人座上，即使他的身体几乎与另一个人的身体相触，旁边的那个人也是不会走开的。如果这种情况发生在公园、阅览室等地方，那人早就会自觉地起身离开了，从中可见一个人的个人空间之变动。在拥挤的公共汽车里，一个人的个人空间就会缩小到最低点。

另外，最佳距离的远近还与交往者的文化背景有关。比如，你如果与一位美国人交谈，距离不得小于60厘米，否则他会觉得你不友好；如果与一名阿拉伯人交谈，就要小于60厘米，否则他也会觉得你不友好，可能会出现他会不断向你靠近以示友好而你则不断后退的有趣场面。